2015
세종도서 학술부문

예비 직장인을 위한 심리학

예비 직장인을 위한 심리학

김정남 저

서현사

P • R • E • F • A • C • E

머리말

취업을 준비하는 대학생들이 재학 중 취업을 가장 중요한 문제로 생각하면서도 막상 취업준비를 효과적으로 하지 못하는 것을 안타깝게 여겨 경상대학교에 교양과목인 '직장과 심리학'을 개설한 지가 20여 년 되었다. 당시나 지금이나 각 대학에서 재학생들을 대상으로 조사한 결과에 의하면 대학생활 중 가장 중요하지만 가장 어려운 문제는 공통적으로 취업이다. 그럼에도 불구하고 대학생들의 취업준비 과정은 그리 효과적이지 못하다.

최근 자료를 보면 대졸 신입사원들 가운데 40퍼센트 가까이 직장을 그만두고 이직을 하거나 재취업을 준비하고 있다. 더 심각한 문제는 이런 현상이 점차 증가하는 추세라는 것이다. 이 현상을 다른 말로 표현하면 개인과 조직의 잘못된 만남이다. 취업준비가 왜 어려운가를 물으면 대개는 자신감 결여, 정보 부족, 사회적 편견 등을 중요한 이유로 꼽는다. 자신의 인생에 대한 비전과 포부의 부재, 불분명한 목표, 일에 대한 왜곡된 가치관뿐만 아니라 직업관련 능력 · 지식 · 기술 · 성격 · 적성 등에 대한 이해 부족, 변화하는 직업세계에 대한 정보 부재 등으로 취업준비 과정에서 어려움과 혼란을 겪는다.

조직의 입장에서 보면, 신입사원을 채용하는 과정은 잠재적인 지원자들 가운데 장차 입사해서 직무를 훌륭하게 해낼 수 있는 인재를 가려내는 일종의 예언적 절차이다. 그러나 인간행동을 이해하고 예언하는 것은 매우 어려운 일이기 때문에 조직으로서는 행동과학적인 인사관리가 필요하다. 따라서 조직에서는 인간행동을 가장 과학적으로 이해하고 예측하는 것을 목적으로 하는 심리학을 기반으로 인사관리 시스템을 채택하는 추세이다. 이는 사원선발 과정이 학벌 위주의 선발에서 인성 및 적성검사 등 각종 선발용 심리검사의 사용, 객관적 행동관찰에 기반을 둔 다양한 표준화된 면접기법으로 채용 방법이 변화하는 걸 보면 알 수 있다. 결국 개인의 입장에서 취업과 조직의 입장에서 사원채용 절차는 개인과 직업 또는 조직이 조화를 이루어내는 과정이다. 그런데도 일반적으로 취업을 준비하는 대학생들이 과학적 인사관리를 추구하는 기업을 과학적인 방법으로 이해하고 분석하지 못하고 있기 때문에 올바른 취업준비가 되지 않고 있다.

이 책은 취업을 준비하는 개인이 자신과 직업의 조화를 추구하는 과정에서 심리과학적 지식을 기반으로 취업을 준비하는 방법들을 소개하는 데 일차적 목적을 두었다. 정보기술의 발전으로 다양하고 세분화된 직업분야들에 대한 구체적인 탐색이 가능해졌다. 이를 바탕으로 직업이나 조직에서 요구하는 지원자로서 갖추어야 할 요건들에 관련하여 자신에 대한 이해 수준을 높이고 목표로 하는 직업이나 직장조직에 대한 다양하고 신뢰할 만한 정보들을 탐색할 수 있다. 따라서 이 책을 통해 기업의 사원선발 절차와 기법들에 대한 이해 수준이 높아지고 심리과학적 지식을 근거로 체계적인 취업을 계획하고 준비할 수 있기를 기대한다. 더불어서 이 책은 대학에서 취업을 준비하는 학생뿐 아니라 다양한 상황에서 취업을 준비하는 구직자들도 동일한 목적으로 사용할 수 있을 것이다. 그뿐 아니라

P • R • E • F • A • C • E

머리말

사회적으로 심리학에 대한 관심과 이해가 높아져 가고 있는 최근의 추세에 맞추어서 심리학을 전공하는 심리학도, 심리학에 관심을 갖고 있는 대학생과 일반인들이 심리학은 엄격한 과학적 방법을 갖춘 학문이며, 직장생활과 관련하여 실무적으로 매우 유용하게 응용되고 있다는 사실을 아는 기회가 되기를 바란다.

이 책은 제2부 제6장으로 구성되어 있다. 제1부에서는 취업과 채용에 대한 심리학적 조망을 다루었다. 과학으로서의 심리학에 대한 전반적 이해와 직업 및 직장조직에서 심리학자들의 관심과 현장에서의 응용 및 전문가로서의 실무적 활동, 그리고 직업에 대한 개인의 가치체계를 포함하고 있다. 제1장에서는 취업준비를 위한 자신에 대한 과학적 이해와 과학적 인사관리 체계의 근간인 심리학의 과학성을 다룬다. 제2장에서는 일에 대한 심리학의 관심 분야인 산업 및 조직심리학을 통해서 심리학자들이 심리학 원리와 방법론을 구체적으로 적용하여 취업과 채용 문제에 어떻게 실무적으로 기여하고 개입하는지를 소개하였다. 제3장에서는 취업준비에 앞서 직업에 대한 다양한 가치체계의 기원과 내용을 소개하고 바람직한 직업가치에 대해 제안했다.

제2부에서는 취업준비 과정을 실무적으로 이해하고 심리학적 지식을 어떻게 활용할 것인가를 다루었다. 제4장에서는 취업과 사원채용 과정을 개인과 조직의 측면으로 구분하여 통합된 모형을 제시했다. 이 모형을 바탕으로 개인적 측면에서 취업의 심리학적 의미와 취업준비생으로서 자신에 대한 심리학적

이해를 높이는 방법들에 대해서 소개했다. 제5장에서는 이 모형을 사원을 채용하는 조직의 입장에서 분석했다. 채용과정에서 기업들이 사용하는 인성 및 적성검사 등 채용심리검사와 행동관찰 방법인 채용면접의 심리학적 원리와 구체적 방법들에 대해서 다루었다. 마지막으로 제6장에서는 신입사원으로서 직장생활 적응에 가장 중요한 대인관계의 사회심리학적 원리와 기법을 살펴보았다.

취업준비생들이 자신과 직장 및 직업에 대한 이해와 정보 부족, 이 과정에서 적용되고 있는 각종 인성 및 적성검사나 면접 같은 심리학적 기법들에 대한 오해 등을 극복하여 효율적으로 취업을 준비할 뿐 아니라 더 나아가서 취업 후 직장생활 적응에 관련된 다양한 주제를 다루고자 했지만, 이는 다음 기회로 미룰 수밖에 없었다. 이 책을 읽는 독자들 가운데 심리학을 처음 대하는 독자들에게 난해한 부분들도 간혹 있으나 이에 대해서는 심리학을 일반적으로 소개하는 개론서 또는 산업심리학 교재 등 심리학의 다른 출처들을 활용하기를 바란다.

마지막으로 출판계의 어려움에도 불구하고 대중성이 없는 대학교재의 출간을 허락해주신 서현사 조재성 대표님과 부족한 원고를 여러 차례에 걸쳐서 꼼꼼하게 교정하고 편집해주신 편집부에 감사드린다.

2014. 8
김 정 남

C • O • N • T • E • N • T • S

차례

C · O · N · T · E · N · T · S

차례

제2부

직업 및 직장 선택과 채용 선발: 개인과 조직의 조화

제4장 직업 및 직장 선택 과정

제5장 사원채용 및 선발과정의 심리학적 전략

제6장 직장에서의 대인관계

제 1 부

직장생활과 심리학

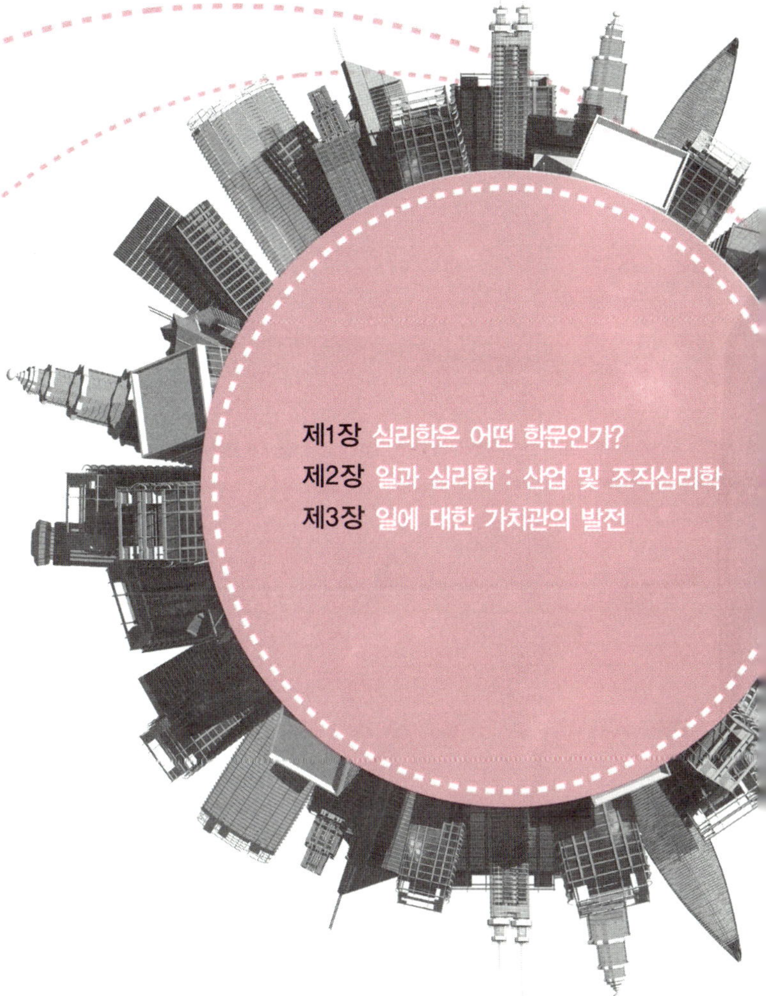

개인의 취업과 직장조직의 사원채용은 개인과 조직의 상호 선택과정이다. 개인은 매력적인 직장을 선택하고, 조직은 장래성 있는 인재를 선택한다. 취업을 준비하는 입장에서 취업을 잘하려면 직업이나 직장에 대한 다양하고 믿을 만한 정보를 탐색하여 자신에 대한 이해 수준을 높이고, 신입사원을 채용하는 직장의 절차에 대해서도 과학적인 방법으로 분석하여 취업준비를 체계적으로 하는 것이 필요하다. 조직의 입장에서는 인간행동에 대한 과학적인 원리와 방법들을 사용하여 지원자들의 작업행동을 예언하려고 할 것이다. 그러므로 양자 모두 인간행동에 대한 과학적인 이해가 중요하다.

제1부에서는 심리학을 바탕으로 이런 실무적인 의문들에 대해서 논의하고자 했다. 제1장에서는 이 주제에 대한 관점을 제공하는 심리학이 어떤 학문인지 질문하고 그 과학성에 초점을 맞추어 소개했다. 제2장에서는 구체적으로 취업과 사원채용 과정에 심리학자들이 어떤 관심을 두고 어떤 방법으로 개입해 왔는지 그 역사적 배경과 산업심리학자들의 실무적 활동을 중심으로 살펴보았다. 제3장에서는 구직자들이 취업을 위한 구체적인 준비과정에 들어가기 전에 먼저 직업에 대한 다양한 가치관을 비교해 보고 시대적 변화에 따른 보다 더 건강한 가치관을 제안했다. 즉 일에 대한 다양한 가치체계의 기원과 그 내용을 이해하고, 앞으로의 직업세계에서 요구하는 가치체계를 탐색하는 데 초점을 두었다.

제1장

심리학은 어떤 학문인가?

가정, 학교, 직장, 군대, 공공기관, 종교단체 등 어느 상황에서나 인간행동은 심리학자들의 관심거리가 된다. 심리학자는 일상생활의 다양한 행동들을 이해하고 앞으로 일어날 행동을 예측하는 과학자이다. 더 나아가서는 바람직하고 가치 있는 방식으로 행동이 나타나기를 바라면서 개입을 통해 행동을 통제하는 실천가이기도 하다.

이 책에서는 직장생활에서 발생하는 작업자들의 행동과 문제를 어떻게 이해하고 해결하는가에 대해 심리학의 관점에서 논의한다. 이런 주제들을 다루기 위해서는 심리학 전반에 대한 기초지식이 필요하다. 이를 위해 이 장은 심리학의 정의, 과학적 성격, 역사와 영역, 최근 경향에 대한 내용으로 구성하였다.

1 심리학의 정의

심리학(Psychology)은 '마음 또는 정신을 연구하는 학문'이다. 심리학의 창시자인 빌헬름 분트(Wilhelm Wundt)는 1875년 라이프치히대학에 철학교수로 취임하여 1879년에 최초로 심리학 실험실을 설립했다. 그가 심리학 강의에 실험을 도입한 취지는 인간 정신(마음)에 대한 경험론적 접근을 의미하는 것이었다. 서양에서 출발한 심리학은 동양으로 소개되면서 '마음의 원리를 연구는 학문'이라는 의미에서 '心理學'으로 번역되었다. 이는 '열 길 물속은 알아도 한 길 사람의 속은 모른다'는 말이 있듯 마음의 이치를 연구하는 심리학이 애매하고 어려운 학문일 것이라는 오해를 불러왔다.

우리 사회에서 심리학은 일반인들에게 관심의 대상이면서도 오랫동안 오해가 있었다. 예를 들면 심리학을 심령과학, 점성술, 관상, 독심술 등과 같이 비과학적이거나 과학을 넘어서는 영역으로 보는 것이다. 그리고 심리학을 프로이트, 꿈, 정신병 같은 정신분석학의 한 분야로 협소하게 이해하기도 한다.

보편적으로 심리학은 '인간과 동물의 행동과 사고과정을 연구하는 과학'(Atkinson, Smith & Hilgard, 1987)이라고 정의한다. 이 정의를 통해서 심리학에 대한 몇 가지 중요한 사실을 알 수 있다.

첫째, 인간뿐만 아니라 동물도 심리학의 연구대상이 된다는 점이다. 심리학 서적들을 살펴보면 인간뿐만 아니라 쥐, 개, 고양이, 비둘기, 침팬지 등 다양한 동물들을 대상으로 한 많은 실험과 그 결과들이 소개되어 있다. 심리학

[그림 1-1] 심리학의 상징
Psychology는 그리스어로 ψυχολογία인데, 그리스어의 '정신(ψ)'을 형상화한 것이다.

자들은 왜 인간뿐만 아니라 동물까지도 연구대상으로 삼았을까? 먼저 인간과 동물은 다를 바 없기 때문에 동물 연구 결과를 통해서 얻은 행동 원리를 인간에게도 그대로 적용할 수 있다는 견해가 있다. 그러나 인간은 동물과 다른 존엄한 존재라는 견해도 있다. 아이러니한 것은 이런 견해를 지닌 심리학자들도 존엄한 존재인 인간을 대상으로 실험하고 관찰하는 것은 비윤리적이고 손상의 위험이 따르므로 동물을 대상으로 연구한다. 이처럼 인간과 동물에 대한 심리학자들의 견해는 다르지만 결국 심리학자들은 인간뿐 아니라 동물을 연구대상으로 한다.

둘째, 앞서 기술한 심리학의 정의에 의하면 심리학자들은 감추어진 내면의 정신과정인 내면행동(covert behavior)뿐만 아니라 객관적으로 관찰이 가능하도록 밖으로 드러난 외현행동(overt behavior)을 연구한다. 심리학이 정신세계를 의미하는 내면행동인 사고과정을 다룰 것인지 아니면 과학으로의 심리학을 강조하여 객관적인 외현행동을 다룰 것인지에 대해서는 심리학의 발전과 더불어 논란이 거듭되었다. 예를 들면 구성주의 심리학, 기능주의 심리학, 형태주의 심리학 등 초기의 심리학에서는 의식(consciousness)을 연구하였으나 심리학의 과학성을 강조한 행동주의 심리학(Behavioral psychology)에서는 객관적 행동의 자극-반응을 연구했다. 신행동주의 심리학(Neo-behavioral psychology)에서는 내면행동과 외현행동 모두를 다루는 새로운 접근방법을 제시하였다. 그러므로 오늘날의 심리학자들은 내면행동과 외현행동을 관찰하고 측정함으로써 인간에 대한 이해를 넓히고자 한다.

셋째, 심리학은 과학적 연구방법을 사용한다. 과학적인 갖춘 조건들을 통해서 심리학자들이 실험실뿐만 아니라 직장생활 같은 일상생활 속에서 일어나는 다양한 인간행동에 대해서 과학적으로 접근한다는 것이다.

쉬어 갑시다!

프시케 신화 속에 나타난 심리학의 어원

프시케(Psyche)는 그리스 신화에 나오는 어느 왕의 셋째 딸이다. 사람들은 그녀의 아름다움 때문에 여신인 아프로디테보다 프시케를 더 흠모했다. 이에 질투를 느낀 아프로디테는 아들인 에로스를 시켜서 프시케가 사람들의 사랑을 받지 못하게 만들었다. 프시케는 아름다움을 잃지는 않았지만 사람들의 사랑을 받지 못해서 결혼을 못했다. 결국 신에게 물었더니 높은 산의 괴물 신과 결혼할 수밖에 없다고 하였고, 프시케는 높은 산에 홀로 남겨졌다.

프시케는 황금 궁전에서 보이지 않는 시녀들의 보살핌을 받으면서 밤마다 나타나는 남편과 행복한 삶을 살았다. 어느 날 프시케는 심심하니 언니들을 볼 수 있게 해달라고 남편을 졸랐다. 초대받은 언니들은 프시케의 남편에 대해서 이것저것 물었다. 프시케는 남편이 밤에만 오기 때문에 얼굴을 보지 못한다고 말했다. 그러자 동생이 잘 사는 것에 질투를 느낀 두 언니들은 동생에게 밤에 불을 켜고 남편이 정말 괴물인지 알아보라고 했다. 그리고 괴물이면 칼을 숨겨 놓았다가 죽이라고 시켰다.

프시케는 언니들의 말을 들으려 하지 않았지만 남편의 얼굴이 궁금하기도 해서 칼을 베개 밑에 숨겨 놓고 남편을 기다렸다. 남편이 와서 잠들자 프시케는 등불을 비추어 남편의 얼굴을 보았다. 그 순간 괴물 남편으로 변장한 에로스는 깜짝 놀라 프시케를 버려두고 신들이 사는 곳으로 돌아갔다.

프시케는 산 넘고 바다 건너 에로스를 찾아 헤매었지만 허사였다. 이때 어느 신이 아프로디테에게 용서를 구하는 것이 가장 현명한 일이라고 충고했다. 아프로디테를 찾아가 용서를 구했지만, 여신 아프로디테는 프시케를 갖가지 고난에 빠뜨리면서 시험했다.

프시케는 시험을 잘 통과했지만 화장품 뚜껑을 열어 보지 말고 가져오라는 마지막 시험에서 남편에게 잘 보이기 위해 화장을 하려고 뚜껑을 열고 말았다. 그 상자 속에는 얼굴을 아름답게 하는 화장품은 커녕 지옥의 수면만이 있었다. 상자 속에서 나온 악마는 프시케를 길바닥에서 영원히 잠들게 했다.

이를 본 에로스는 프시케가 갖은 고난 속에서도 자신을 진정으로 사랑하고 있음을 알았다. 그래서 잠을 끌어 모아 다시 상자에 가두고 프시케를 창으로 찔러 깨웠다. 그리고 제우스에게 간청해서 프시케를 신이 되게 하였다. 에로스와 프시케 두 사람은 결혼하여 아이를 낳았는데 그 아이의 이름을 '기쁨'이라고 하였다.

프시케는 그리스어로 '나비'라는 의미와 '영혼'이라는 의미를 함께 가지고 있다. 영혼 불멸의 상징으로서 나비만큼 인상적이고 아름다운 것은 없다. 나비는 느릿느릿 배로 기어 다니는 모충인 애벌레 생활을 마치면 누에고치에서 아름다운 날개를 파닥거리며 뛰쳐나온다. 그러고는 훨훨 날아다니면서 따스한 햇살 아래 더없이 향기롭고 감미로운 대자연의 생산물을 먹는다. 프시케는 갖은 고난을 거치고 정화(Catharsis)된 후에야 진정으로 순수한 행복을 누릴 수 있는 영혼의 상징이다. 이런 이유로 고난 뒤에 찾아오는 행복의 느낌을 '프시케의 정화'라고 한다. 프시케의 정화는 갖은 고생 끝에 자기의 목표를 달성한 순간 눈물을 흘리는 것과 같은 심리적 상태이다.

심리학(Psychology)의 어원은 프시케(Psyche)와 로고스(logos)의 합성어인데, 프시케는 앞서 말한 것과 같이 온갖 고난 속에서도 '사랑'을 드러낸다. 로고스는 일반적으로 말, 논리, 이성 등을 나타내는 말로 학(學)의 어원(-logie)이다. 따라서 심리학은 인간 정신에 대한 사랑을 바탕으로 연구하는 학문이다.

2 심리학의 과학적 성격

1) 심리과학의 출현

인간이 자신과 타인의 마음에 대해 관심을 갖고 이해하고자 하는 욕망은 아마 인류의 탄생과 함께 시작되었을 것이다. 그 뒤로 많은 사상가들은 인간을 설명하려고 오랫동안 노력해왔다. 유구한 세월 동안 많은 종교가와 철학자들이 인간과 인생에 대해서 해답을 얻고자 했으나 일치되지 않는 다양한 견해들은 더욱 혼란을 가중시켰다. 그러나 과학적 연구방법이 등장하고 전통적 철학으로부터 자연과학이 분리되면서 자연현상에 대한 보다 객관적이고 명료한 이해가 가능하게 되었다. 18세기 후반에 이르러서야 비로소 자연현상뿐만 아니라 인간의 마음에 대한 자연과학적 사고와 접근방법이 처음으로 시도되었다.

1879년 독일 라이프치히대학의 철학과 교수인 빌헬름 분트가 처음으로 심리학 실험실을 개설한 이래로 인간 의식에 대한 자연과학적 연구가 시작되었다. 이 실험실이 대학당국으로부터 정식 실험실로 인정받음으로써 현대 심리학은 이렇게 첫 출발을 하게 되었다.

▸ **빌헬름 분트(Wilhelm Wundt, 1832~1920)**
구성주의 심리학을 발전시킨 실험적 심리과학의 창시자.

2) 과학으로서의 심리학

과학이란 사상(event)을 주의 깊게 관찰하고 측정해서 수집한 체계화된 지식체이다(Morgan, King, & Robinson, 1975). 사상에 대한 과학적 관찰은 현상을 원인과 결과의 관계로 가정하는 인과론(causationism)에 근거한다. 그러므로 과학자들은 자연현상이든 인간행동이든 그것을 결정한 선행조건인 원인이 무엇인가를 묻는다. 심리학자들도 관찰된 인간행동에는 반드시 그 원인이 있다는 인과론적 가정에 따라서 행동을 체계적으로 관찰하고 자료를 수집한다. 이 자료에 의해서 행동을 원인과 결과의 관계로 설명하고 예언하는 일반법칙 또는 이론을 얻으려는 과학이 심리학이다. 그러므로 심리학은 다른 자연과학과 마찬가지로 다음과 같은 과학으로서의 조건들을 갖추고 있다.

첫째, 심리학 연구는 경험적(empiricism) 관찰에 바탕을 두고 있다. 심리학자들의 연구는 논쟁, 주장, 신념보다는 인간과 동물의 행동에 대한 엄격한 실험과 객관적 관찰에 의존하므로 경험적이다. 심리학자들은 반복하여 검증할 수 있는 실험과 관찰을 하며 양적으로 측정된 형태로 자료(data)를 얻는다. 그러므로 심리학의 구체적인 연구주제는 객관적 관찰이 가능하여 누구나 공통적으로 체험할 수 있는 것으로 한정된다.

둘째, 심리학은 체계적 접근과 이론(systematic approach and theory)을 지니고 있다. 과학으로서의 심리학은 인간행동을 객관적으로 관찰하기 위한 체계적인 연구방법을 갖추고 있다. 사상을 이해하는 데 도움이 되는 자료가 의미를 지니려면 자료를 수집하는 과정이 일정한 방법으로 체계화되어야 한다. 과학자는 현상에 관한 자료를 경제적이고 체계적인 방법으로 요약하여 사상을 설명하는 원리를 알아내려고 노력하는데, 이를 위한 과학적 도구가 이론이다. 과학적 이론은 많은 관찰을 요약하며, 새로운 장면에서 일어날 것으로 기대되는 것을 예언하는 일반원리이다. 과학자들은 이론에 의해서 마련된 예언적 가설을 검증하기 위해서 엄격하게 통제된 실험을 통해서 관찰한다.

심리학에서는 체계적 관찰방법으로 실험실에서 이루어지는 실험(laboratory experiment)을 선호한다. 연구자는 현상에 대한 관찰을 통해 추론한 인과적 가정(assumption)에 근거해서 검증이 가능한 연구가설(hypothesis)을 설정한다. 실험자가 관심을 둔 변화하는 사상을 변수(variable)라고 한다. 원인이 되는 것은 독립변수(independent variable)이고 그 결과가 되는 것이 종속변수(dependent variable)이다. 인간행동을 비롯한 관찰된 현상들은 여러 원인들에 의해서 동시에 영향을 받을 수 있는데, 연구자의 관심사인 독립변수 이외에 종속변수에도 영향을 미칠 수 있는 원인들을 가외변수(extraneous variable)라고 한다. 연구자의 목적은 종속변수에 대한 독립변수의 인과적 영향을 밝히는 것이기 때문에 실험과정에서 가외변수는 종속변수에 영향을 주지 않거나 최소한 일정하게 통제되어야 한다. 이런 절차 및 조건들을 실험적 통제(experimental control)라고 한다.

실험자는 엄격하게 통제된 실험실에서 독립변수를 인위적으로 조작하거나 처치하여 그에 따른 종속변수의 변화를 관찰하여 측정한다. 실험이 통제된 정도에 따라서 그 실험이 얼마나 잘되었는지 평가된다. 통제가 되지 않은 실험결과는 관찰되고 측정된 종속변수가 어떤 원인에 의해서 영향을 받은 것인지 확신할 수 없기 때문이다.

실험과정을 통해서 지지된 가설은 반복검증을 거쳐서 그 현상을 설명하는 법칙이나 이론으로 발전한다. 그러나 어떤 이론에 대해서 그것이 절대적으로 옳다 또는 그르다고 단정할 수 없다. 왜냐하면, 이론은 과학적 검증을 통해서 지속적으로 수정되고 검증되며 그것이 예측하는 바가 변화하기 때문이다.

셋째, 심리학자들은 자연과학자들과 마찬가지로 측정(measurement)을 한다. 측정은 변화하는 사상에 대해서 일정한 규칙에 따라 수량화하는 것이다. 과학자들은 관찰하는 사상이 변화함에 따라서 그에 대응하는 수를 부여함으로써 수량화한다. 심리학에서는 물리학이나 화학 등의 자연과학에서 사용하는 수준의 측정척도를 항상 사용하는 것은 아니지만 많은 심리검사와 측정도구들을 고안하여 인간행동에 대한 수량화를 시도한다.

넷째, 심리학자들은 사용하는 용어를 조작적으로 정의(operational definition)한다. 과학적 사고를 위해서는 용어에 대한 명료한 정의가 필수적이다. 심리학자들이 사용하는 용어는 모든 심리학자들에게 동일한 의미를 주어야 한다. 예를 들어서 지능, 기억, 동기, 학습, 주의, 정서 같은 개념에 대한 정의는 모든 심리학자들에게 같은 의미로 통해야 한다. 어떤 방법으로 그렇게 할 수 있을까? 심리학자들은 사용하는 개념의 의미를 분명히 하기 위해서 개념들을 관찰과 측정이 가능한 행동들과 관련지어서 조작적으로 정의한다. 예를 들어서 배고픔이라는 개념은 음식을 먹은 일정한 시간 이후에 음식을 먹는 양으로 정의할 수 있을 것이다.

3 심리학의 역사와 영역

심리학의 역사는 짧지만 그동안 이룩한 과학적 업적은 지대하다. 철학자 빌헬름 뷰트로부터 시작된 심리학은 철학자들의 인식론을 바탕으로 신경 및 감각생리를 발전시킨 과학적 방법과 자극의 물리적 속성을 정확히 측정하는 방법을 통합하여 의식을 과학적 방법으로 연구한 데서 시작되었다. 분트는 인간의 정신은 객관적이고 과학적으로 연구해야 한다고 주장했다. 그의 생각은 '사고의 기초는 신체적 감각들로 이루어진다'는 토머스 홉스(Thomas Hobbes)와 존 로크(John Locke) 등 경험론자들의 견해에서 영향을 받은 것이다. 당시는 자연과학적 연구방법이 존중되던 시기였다는 점도 심리학 출발의 바탕이 되었다. 분트는 사물을 체험하는 지각 과정을 통해서 사고의 기초단위를 알고자 했다.

시간이 지남에 따라 심리학의 주제나 접근방법이 다양해지면서 여러 심리학파들이 형성되었다. 각 학파들이 나타난 시기와 배경, 연구주제, 연구방법 등을 살펴봄으로써 현대 심리학의 발달과정과 그 과학적 학문의 특징을 이해할 수 있다.

1) 구성주의 심리학(Structuralism)

구성주의 심리학자들은 인간의 의식이 물질과 마찬가지로 요소들로 구성되어 있다고 믿었다. 이는 1870년대 중반 가장 앞선 분석화학의 영향을 받은 접근방식이었다. 분석화학에서는 물질의 정체를 밝히기 위해서 그 물질을 분석하면 가장 기본이 되는 요소(원자)를 밝혀낼 수 있다고 가정했다.

예를 들면 물(water)이라는 물질의 정체를 밝히기 위해서 물을 계속해서 쪼개고 분석하면 결국에는 더 이상 쪼갤 수 없는 기본 단위인 원자를 찾아낼 수 있고, 물을 구성하는 원자들을 밝히면 물의 정체를 알아낼 수 있다고 보았다. 결국 물(H_2O)은 수소원자 2개와 산소원자 1개의 결합체이다. 이와 마찬가지로 인간의 의식은 외부 세계에 대한 감각적 경험으로부터 형성되기 때문에 그것을 구성하는 기본적인 감각요소들을 찾아냄으로써 인간의 의식을 이해하려고 했다.

구성주의 심리학자들은 의식을 구성하는 감각요소들을 찾아내는 실험적 방법으로 내성법(introspection: intro, into+spection; to see)을 이용했다. 이 또한 당시 물리적 세계의 현상들을 관찰하는 과학적 방법을 사용한 것이다. 예를 들어서 당시 물리학자들은 일상적인 생활조건에서 1초 동안에 소리가 이동하는 거리를 어떻게 측정했을까? 오늘날과 같은 정밀한 측정도구나 수단이 없던 시대에 가능한 방법은 내성법이었을 것이다. 당시 물리학자가 사용한 관찰과정을 다음과 같이 상상해 보자.

운동장에 사람들을 1킬로미터 이상 일렬로 늘어서게 한 다음, 그들에게 눈을 감고 있다가 북 울리는 소리가 들리면 곧바로 오른손을 높이 들도록 지시한다. 그리고 실험자는 줄의 맨 앞에서 북을 힘껏 치면서 시계로 1초를 측정한다. 아마 소리 파동이 이동하는 방향으로 소리를 들은 첫 번째 사람부터 순서대로 손을 들기 시작할 것이고, 정확히 1초 경과할 때 손을 든 사람까지의 거리를 줄자로 잴 수 있을 것이다. 측정오차를 감안하여 여러 차례 이런 과정을 반복하고 그 결과들의 평균을 내면 대략적으로 1초 동안에 소리가 이동한 거리를 추정할 수 있을 것이다.

이 물리학자가 사용한 자연현상을 관찰하는 방법이 내성법이다. 내성법은 관찰 대상자(실험 참가자)가 자신의 의식경험(북소리를 직접 들어서 경험함)을 연구자에게 감각요소(북소리)로 말하는(북소리를 들었다고 손을 높이 들어서 표현하는 반응) 자기보고법(self-reporting)이다.

이것을 구성주의 심리학자가 우리의 의식을 관찰하는 과정으로 바꾸어서 생각해보자. 당신은 방금 어떤 물체를 손에 들었다. 그 물체에 대한 감각경험을 통해서 그 물체에 대한 생각을 갖게 되었다. 그 의식을 구성주의 심리학자에게 내성법으로 보고한다. "그 물체는 묵직했다. 만져보니까 표면이 단단하고 매끄러웠다. 둥글었으며 표면은 초록색이고 굵고 검은 선이 있다. 손가락으로 두드리면 '톡톡톡' 하는 소리가 들렸다. 그것을 쪼개면 냄새는 달콤했고, 안쪽은 붉은색 바탕이고 검고 작은 점들이 흩어져 있다. 만지면 물기가 있어서 촉촉했고, 혀를 대면 차갑고 단맛이 났다."라고 대답할 것이다. 당신은 어떤 물체를 감각적으로 경험했고 무엇에 대해서 생각하고 있는가? 지금 당신의 머릿속에는 어떤 의식이 존재하는가? 혹시 당신이 보고 생각하고 있는 것이 수박인가? 아마 당신의 보고를 듣고 있는 대부분의 사람들은 "그것은 수박이다."라며 동시에 외칠 것이다.

구성주의 심리학자들은 이런 관찰과정을 엄격히게 통제된 실험실에서 실시했다. 실험 참가자에게 물리적 자극들을 제시하고 이에 대한 감각적 반응들을 보고함으로써 수많은 사람들로부터 얻어낸 이런 내성들을 합치면 의식경험에 대한 일반적인 원리를 얻을 수 있고 의식에 대한 과학을 발전시킬 수 있다고 믿었다.

2) 기능주의 심리학(Functionalism)

독일에서 시작된 새로운 심리학은 미국으로 전파되면서 미국 사회의 특성을 지닌 기능주의 심리학으로 발전하였다. 당시 미국 사회의 시대정신(zeitgeist)은 변화와 적응을 강조하는 진화론(Evolution theory)과 미지의 신대륙에서 개척과 실용성을 중시하는 실용주의(Pragmatism)였다.

기능주의 심리학은 구성주의 심리학에서처럼 의식을 구성하는 감각요소가 무엇인가를 알아내는 것보다 변화하는 환경에 인간이 적응하도

▸ **윌리엄 제임스(William James, 1842~1910)**
미국의 심리학자로 기능주의 심리학의 기초를 마련했다.

록 어떻게 작용하는가를 아는 것이 인간을 더 잘 이해하는 것이라고 보았다.

따라서 감각, 지각, 학습, 기억, 사고 같은 의식활동들을 기능적 측면에서 분석해야 인간을 이해할 수 있다고 가정했다. 그러므로 인간의 의식 상태로서의 구조가 중요한 것이 아니라 환경에 적응하는 과정으로서의 '의식의 흐름(stream of consciousness)'이 중요한 연구대상이 된다.

분트 실험실의 학생이었던 윌리엄 제임스(William James)는 구성주의 심리학의 범위를 넓혀 심리학의 중요한 주제인 학습, 동기, 정서 등을 연구하였다. 제임스는 미국 심리학의 개척자이며 그의 저서 《심리학의 원리 *The Principles of Psychology*》(1890)는 지금까지도 널리 인용되고 있다.

3) 행동주의 심리학(Behaviorism)

미국의 심리학자 존 브러더스 왓슨(John Broadus Watson)은 학술지 《사이콜로지컬 리뷰 *Psychological Review*》에 〈행동주의자가 본 심리학Psychology as the behaviorist views it〉(1913)이라는 논문을 발표했다. 그는 이 논문에서 심리학이 진정으로 과학이 되려면 연구주제는 의식이 아니라 행동이어야 한다고 주장했다.

▸ **왓슨(John Broadus Watson, 1879~1958)**
미국의 행동주의 심리학의 주창자로 비교심리학과 발달심리학의 연구에 많은 업적을 남겼다.

의식은 주관적인 경험이기 때문에 과학의 연구대상이 못 되며, 여러 사람들이 동의할 수 있고 관찰이 가능한 행동을 연구해야 한다는 것이다. 연구방법도 관찰자의 주관적 해석이 개입된 내성법이 아니라 더 객관적인 직접관찰법을 사용해야 한다고 주장했다.

행동주의자가 본 심리학은 순수하게 객관적인 실험적 자연과학의 한 분야이다. 심리학의 이론적 목표는 행동에 대한 예측과 통제이다. 내성법은 심리학의 기본적 방법이 되지 못한다. 그것을 의식의 용어로 해석함으로써 얻은 자료는 더 이상 과학적 가치가 없다. 행동주의자는 동물반응의 단일도식(unitary scheme)을 얻는 노력을 통해서 인간과 동물 간의 구별이 없음을 알 수 있다. 정교하고 복잡한 인간행동은 행동주의자의 물음에 대한 전체 도식의 한 부분만을 형성한다.

행동주의 심리학은 인간과 동물의 행동을 자극에 대한 반응으로 분석하기 때문에 '자극-반응 심리학(Stimulus-response psychology)'이라고 부른다. 왓슨은 "만일 나에게 대이나자마자 아이들을 맡겨준다면, 그 아이들을 자극-반응의 관계로 통제함으로써 부모들이 원하는 의사, 변호사 등으로 얼마든지 만들어 줄 수 있다."고 장담하기도 했다. 행동주의 심리학자들은 주로 동물을 이용한 실험실 실험으로 인간과 동물 행동의 일반원리를 밝히려고 했다.

행동주의 심리학을 대표하는 버러스 프레더릭 스키너(Burrhus Frederic Skinner, 1904~1990)는 행동이란 보상(reward)을 받으면 반응 발생횟수가 증가하고 처벌(punishment)을 받으면 감소하는 식의 연계성에 의해서 형성된다고 주장했다. 예를 들어서 어린이가 '심리학'이라고 말할 때마다(반응) 5만 원씩 받는다면(보상), 그 어린이는 앞으로도 계속해서 심리학이라는 단어를 반복(발생횟수 증가)할 것이다. 반면에 '심리학'이라고 말할 때마다 오히려 회초리를 맞는다면(처벌), 그 어린이는 심리학이라고 말하는 것을 곧 중단할 것이다.

▸ 로버트 우드워스(Robert S. Woodworth, 1869~1962)

행동주의 심리학자들은 동물을 대상으로 하는 실험적 연구를 계속함으로써 인간중심이던 심리학을 동물행동과학으로 발전시켰다. 행동주의 심리학은 심리학을 행동에 관한 과학적 심리학으로 발전시키는 데는 큰 공적이 있었지만, 급진적 행동주의 심리학은 동물실험을 통해서 동일 자극에 대한 특정한 반응을 얻어낼 수 없어서 그 한계를 드러냈다. 즉 표출된 행동을 특정 자극과 반응의 결합으로 생각하기 때문에 기계적이라는 비판을 받았다.

행동주의 심리학은 로버트 우드워스(Robert S. Woodworth)가 《심리학 *Psychology*》(1929)에서 신행동주의적 행동분석체계인 '자극-유기체-반응(the Stimulus-Organism-Response)' 접근방법을 제시하여 수정되기까지 심리학의 가장 중요한 제1세력으로 간주되었다. 우드워스는 20세기 중반까지 영향력 있는 미국 심리학자 중 한 사람이었다. 하버드대학과 컬럼비아대학에서 학위를 받은 그는 윌리엄 제임스 밑에서 공부하고 제임스 에인절(James Angell), 해리 홀링워스(Harry Hollingworth), 에드워드 리 손다이크(Edward Lee Thorndike) 등 유명한 심리학자들과 함께 연구했다. 그가 저술한 심리학 교재인 《심리학 : 정신생활의 연구*Psychology : A study of mental life*》는 1921년 이래 여러 번에 걸쳐서 출판되었고, 학부생을 위한 첫 심리학 소개서였다. 그는 행동에 대한 '자극-유기체-반응' 공식을 도입한 것으로 유명하다.

4) 형태주의 심리학(Gestalt psychology)

미국에서 행동주의심리학 운동이 벌어지던 1910년대에 심리학이 처음 출발했던 독일에서는 베를린대학의 막스 베르트하이머(Max Wertheimer)

를 중심으로 구성주의 심리학에 대한 반발로 형태주의 심리학이 등장하였다. 베르트하이머는 기차여행 중에 우연히 깨닫게 된 파이(Phi)현상에서 의식을 구성하는 요소들이 구성주의 심리학자들의 주장처럼 절대 불변의 속성을 지니고 있는 것이 아니라고 믿었다. 그리고 의식을 공통된 경험으로 이해하기 위해서는 의식을 구성하는 최소한의 단위인 감각요소로 분석할 것이 아니라, 이 요소들이 함께 어우러져서 만들어내는 의미 단위인 '형태(gestalt)'로 통합해야 한다고 주장했다. 게슈탈트란 전체, 형상, 형태, 모습 등의 뜻을 지닌 독일어로, 게슈탈트 심리학자들에 의하면 개체는 대상을 지각할 때 그것들을 산만한 부분들의 집합이 아니라 하나의 의미 있는 전체로 만들어 지각한다고 말한다.

[그림 1-2]에서 무엇을 보았는가? 일부분이 없는 검은색 원 세 개와 각을 이루면서 접한 세 개의 두 직선을 보기보다는 정삼각형이 상하로 겹쳐 있고, 하나의 정삼각형의 세 꼭지점에는 원이 겹쳐 있는 모양으로 보는 것이 더 자연스러울 것이다. 즉 가운데 흰 부분은 실제로는 존재하지 않지만 정삼각형을 재구성해서 보는 것이다. 직선들과 곡선, 면으로 보기보다는 정삼각형, 원, 심지어는 다윗의 별(Star of David)로 보일 것이다.

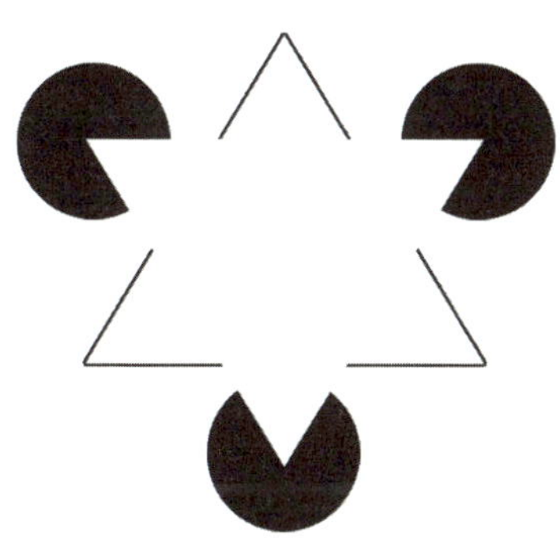

[그림 1-2] 이탈리아의 심리학자 가에타노 카니자(Gaetano Kaniza)가 1955년 발표한 카니자 삼각형. 실제 삼각형은 없지만 사람들은 삼각형을 본다.

베르트하이머는 독일의 심리학자로 1912년에 프랑크푸르트대학에서 강의한 '운동시(運動視)의 실험적 연구'로 형태주의 심리학 이론을 제시하고, 지각 및 사고 연구를 통해서 경험의 전체성을 강조하는 형태심리학을 창시했다. 그는 1910년 기차여행 중에 경험한 현상으로 지각(perception)에 관심을 갖게 되었다. 기차가 정거장에 서 있는 동안 장난감 스트로보스코프(stroboscope : 좁고 긴 구멍을 들여다보면 회전하는 그림을 볼 수 있는 일종의 원시적인 영화 감상기계)를 샀는데, 그는 이 장난감으로 파이현상을 경험했다. 파이현상이란 인간이 사물을 개별 요소 하나하나로 구분해서 지각하는 것이 아니라 하나의 전체를 지각하려는 현상이다. 예를 들면 영화에서는 여러 장의 사진 장면들(sequence)이 연속으로 보여서 뇌에서는 마치 하나의 움직임으로 지각하는 것이다.

전체는 부분들의 단순한 합이 아니라 그 이상이다. 아름다운 풍경화를 보았을 때, 그것은 갖가지 색깔을 지닌 수많은 점들과 직선들의 집합이 아니라 그 점들과 직선들이 집합하여 이루는 의미 있는 형태들로 묶여질 때 경험된 의식을 제대로 이해할 수 있다. 형태주의 심리학자들은 행동을 수학이 아니라 음악에 비유한다. 좋아하는 음악을 생각해 보자. 만약 그것을 하나하나의 독립적인 음표로만 본다면 전혀 멜로디를 경험할 수 없을 것이다. 그러나 음표를 변화시키면 다양한 장조나 단조로 연주할 수 있다. 음악이 되기 위해서는 음표들의 패턴이나 조직화가 중요하다. 형태주의 심리학자들에 의하면 인간행동이 요소들로 분해되면 그 의미를 잃게 된다. 형태주의 심리학자들은 감각요소들이 이해되고 지각되는 감각, 지각, 그리고 통찰 과정에 관심이 있다.

▸ 막스 베르트하이머(Max Wertheimer, 1880~1943)

5) 정신분석학(Psychoanalysis)

기존의 심리학이 개인 스스로 자각할 수 있는 의식이나 객관적으로 관찰 가능한 행동과 같은 주제를 다룬 것과 달리, 오스트리아의 정신과 의사인 지그문트 프로이트(Sigmund Freud)는 정신세계의 내면 깊숙이 잠재된 무의식의 세계를 통해서 인간을 이해하려고 했다. 무의식과 억압 기제에 대한 이론을 발전시켰고, 환자와 의사 간의 대화를 통한 치료법을 고안함으로써 언어 심리치료 분야를 마련했다.

프로이트에 의하면 인간의 정신세계는 원욕(id), 자아(ego), 초자아(super-ego)의 세 가지 정신에너지의 층으로 구성되어 있다. 원욕은 성욕과 공격 본능처럼 인간과 동물이 쾌락을 추구하고 고통을 피하는 '쾌락의 원리'에 따라서 행동하게 부추기는 무의식적인 본능이다. 초자아는 우리의 행동을 지배하여 사회적 양심, 규율, 가치, 도덕에 따라서 행동하도록 압력을 가하는 정신에너지이다. 자아는 원욕과 초자아 사이에서 '현실의 원리'에 따라서 행동하도록 중재하는 통제자이다. 인간의 행동은 이 세 가지 정신에너지들의 역동적 갈등을 통해서 조정되고 결정된다.

이 갈등은 의식할 수 없는 무의식적 과정이다. 인간은 자신의 행동에 대해서 의식할 수 없는 부분이 있다. 원욕은 본능적 욕구를 충족시키지 못하면 좌절하여 긴장하게 된다. 자아는 욕구좌절을 통한 긴장과 불쾌감을 현실적으로 해결할 수 있도록 위장하고 기만하거나 또는 회피하는 등의 간접적인 방법들을 동원하는 방어기제들을 사용한다.

정신분석 체계는 다음에 대한 이해가 중요하다고 강조한다. 첫째, 각 개인은 고유하다. 둘째, 사고와 활동에 영향을 미치는 개인의 자각을 벗어난 요인들(무의식, 감정 및 경험 등)이다.

▸ 지그문트 프로이트(Sigismund Freud, 1856~1939)

셋째, 과거는 현재를 만든다. 그리고 넷째, 인간은 항상 자신의 삶을 통해서 발달과정을 이루어간다.

정신분석학자들은 자각할 수 없는 무의식을 관찰하기 위해서 자유연상(free association), 꿈의 분석, 말이나 행동의 실수, 정신질환자들의 행동관찰 등을 이용한다. 자유연상이란 환자가 자신의 마음에 떠오르는 모든 생각을 의식의 통제를 받지 않고 그들이 관련성이 있든 없든 하나가 다른 하나를 이끌어내는 대로 주저함 없이 자유롭게 말하고 글로 쓰게 하는 정신분석의 한 방법이다. 지구는 우주의 중심이 아니라는 갈릴레오 갈릴레이(Galileo Galilei)의 주장과 인간과 원숭이의 조상이 같다는 찰스 다윈(charles Darwin)의 진화론에 이어서 정신분석적 견해는 인류사에서 '제3의 충격'으로 일컬어진다. 정신분석학은 행동주의 심리학에 이어서 심리학의 제2세력이다.

6) 인본주의 심리학(Humanistic psychology)

인본주의 심리학은 1960년대 중반 실존주의 및 현상학적 철학(the philosophies of existentialism and phenomenology)과 심리학자 칼 로저스(Carl Rogers) 같은 선구자들에 의해서 시작되었다.

인본주의를 표방하는 미국의 심리학자 에이브러햄 매슬로우(Abraham Maslow)와 칼 로저스 등은 기존 심리학의 잘못을 지적하였다. 이들은 정신분석학이나 행동주의 심리학자들이 인간을 환경자극에 대해서 기계적으로 반응하고 본능에 의해서 지배받는 존재로 간주하여 인간과 동물을 구분하지 않고 인간의 존엄성을 무시했다고 주장했다. 또한 인위적으로 만들어놓은 실험실 같은 곳에서 인간행동을 관찰하여 설명하려는 시도가 전혀 비현실적이라는 점을 지적하였다.

▸ 에이브러햄 매슬로우(Abraham Maslow, 1908~1970)

매슬로우는 욕구위계이론을 제안했다. 사람들을 부적응의 상징인 '증후들의 주머니(bag of symptoms)'로 보지 않고 반대로 인간의 긍정적인 측면들을 강조했다. 그는 인간의 잠재력, 절정 경험 추구, 성장을 통한 정신건강 증진에 관심을 두었다.

칼 로저스는 심리치료 연구의 선구자로 1956년 미국심리학회로부터 과학적 기여를 인정받아 '우수과학공로상'을 수상했다. 성격과 대인관계를 이해하기 위한 내담자 중심 접근법은 심리치료뿐 아니라 상담, 교육, 조직 및 다양한 집단 상황에 널리 적용되고 있다.

인본주의 심리학은 의미(meaning), 가치(values), 자유(freedom), 비극(tragedy), 개인의 성격(personal responsibility), 인간 잠재력(human potential), 영성(spirituality), 자기-실현(self-actualization)을 통해서 인간 존재에 전체론적으로 접근하는 방식을 채택했다. 그러므로 인간행동은 실제로 일어나는 현실의 생활 장면에서 관찰되어야 하며, 인간은 동물과 다르게 존엄하며 희망적인 존재라고 주장한다. 인본주의 심리학자들에 의하면 모든 개인은 무한한 잠재적 가능성을 지니고 태어난다. 인간이 추구하는 가치는 자신의 잠재력을 발견하고 개발하여 최고의 존재가 되는 '자기-실현'이다. 심리학의 목표는 개인이 잠재력을 발견하고 계발하여 자기-실현하도록 돕는 데 있다.

인본주의 심리학은 '현상학적 심리학'이라고도 하는데, 이는 개인을 이해하기 위해서는 무엇보다도 개인이 경험하는 주관적 세계를 알아야 한다고 보기 때문이다. 심리학의 '제3세력'으로도 지칭되는 인본주의 심리학 또는 현상학적 심리학은 과학으로서의 심리학보다는 인간에 대한 긍정적이고 낙관적인 견해를 강조한다.

▸ 칼 로저스(Carl Rogers, 1908~1987)

7) 인지심리학(Cognitive psychology)

오늘날 현대 심리학 가운데 하나는 지적이고 합리적인 측면으로 인간행동을 설명하려는 인지심리학이 있다. 인지란 인간행동의 지적 측면을 나타내며 학습, 추론, 문제해결을 포함한다. 컴퓨터의 발달과 더불어 인공지능의 기능을 관찰할 수 있으면서 심리학자들이 인간의 사고과정을 과학적으로 연구하는 것이 가능하게 되었다. 1970년대에는 인간행동에 대한 정보처리접근법이 나타나면서 인지심리학이 등장하여 심리학 전반에 영향을 미치게 되었다.

[그림 1-3]에서 보듯이 인지심리학은 주의(attention), 형태재인, 학습, 기억, 언어 이해와 산출, 문제해결, 추리, 판단과 결정 등의 인지과정을 중심으로 인간마음의 과정과 내용의 본질을 경험적이고 실증적 방법으로 연구하는 분야이다(이정모, 1996).

최근에는 인지심리학뿐만 아니라 사회심리학, 신경과학, 철학, 사회학, 문화인류학, 컴퓨터 과학 등 여러 학문들이 인간의 지식에 관해서

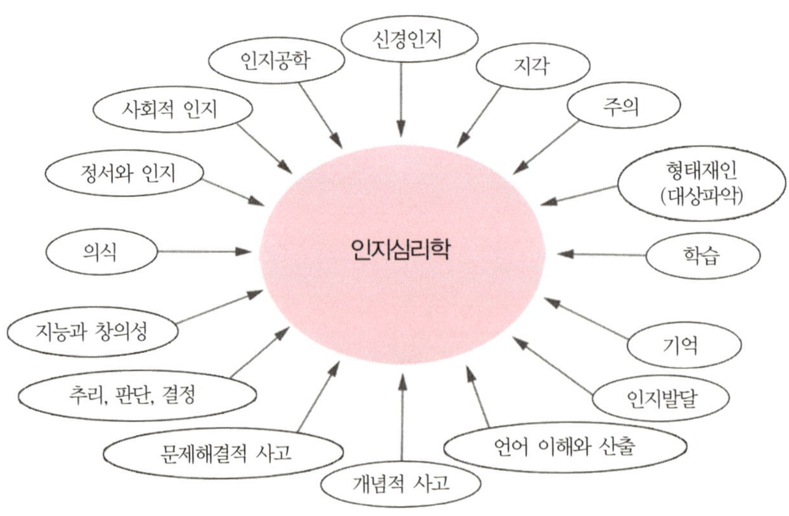

[그림 1-3] 인지심리학의 세부 연구 영역들

공동으로 연구하는 학제간적 분야인 인지과학(cognitive science)을 탄생시켰다. 이로써 심리학자들의 연구주제는 행동에서 다시 사고과정으로 전환하게 되었다. [그림 1-4]는 인지과학의 중심적인 학문과 주변학문들을 보여준다.

심리학은 마음, 뇌, 컴퓨터, 문화를 연결하는 종합과학인 인지과학의 핵심학문 역할을 한다. 인지과학의 한 분야로서 심리학이 다루는 주제의 이론 및 응용 영역들을 열거하면 인간과 동물의 시각, 청각 등의 지각현상, 주의, 형태지각, 심상(心象, imagery) 표상, 기억구조와 과정, 지식표상구조, 언어이해와 산출(말, 글 등), 문제해결사고, 추리, 판단 및 결정, 신념체계, 사회적 인지, 인지발달, 인지와 정서의 관계, 인지의 문화적 기초와 차이, 인지의 신경생물적 및 신경생리적 기초, 신경망 모형 등을 들 수 있다.

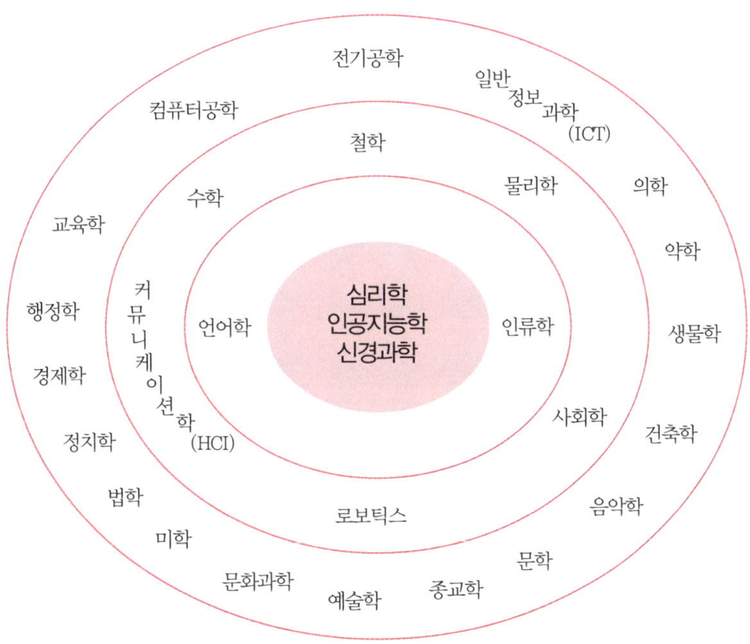

[그림 1-4] 인지과학의 핵심 학문인 심리학과 주변 학문들

[그림1-5]는 인지과학을 구성하는 핵심적인 학문들인 심리학(인지심리학), 철학, 언어학, 인류학, 신경과학, 인공지능(컴퓨터 과학)의 관련성을 요약해서 보여준다.

인지과정은 마음의 과정이기 때문에 심리학적 연구는 필수적이다. 컴퓨터 유추라는 이론적 전개 과정에서 컴퓨터 과학(인공지능)이 중추적 역할을 하고, 신경계 특성과 마음 및 컴퓨터와의 관계성 때문에 신경과학적 연구도 필수적이다. 또한 언어가 인지의 주요 도구이며 형식이고 언어과정이 인지과정의 핵심이라는 점에서 언어학적 연구가 요청된다. 인간 인지는 인식론의 문제이며 마음, 두뇌, 컴퓨터의 문제는 심신론의 문제이고 새로운 과학으로서 인지과학의 형성은 과학철학의 문제이기 때문에 철학적 연구가 필수적이다. 동시에 인지는 인간이라는 종(種)과 문화인류학적 배경 위에서 축적되고 나누어지는 지식을 근거로 가능하다는 점에서 인류학적 연구가 요구된다(이정모, 1996).

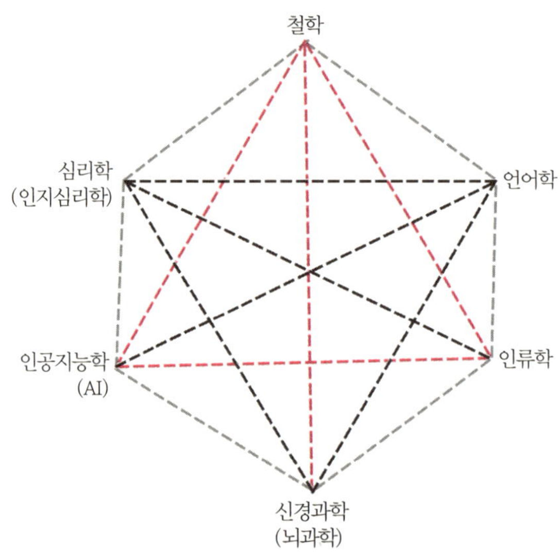

[그림 1-5] 인지과학의 핵심학문 분야의 상호관계

쉬어 갑시다!

우리나라 심리학의 역사

▸ 해방에서 6·25전쟁 직후까지

우리나라 현대 심리학의 출발점은 해방 직후 심리학을 전공한 학자들이 '조선심리학회'를 창설한 1946년 2월로 본다. 해방 직후 국내 심리학 전공자는 임식재(任晳宰), 윤태림(尹泰林), 이진숙(李鎭淑), 이의철(李義喆), 이본녕(李本寧), 서명원(徐明源), 방현모(方顯模), 성백선(成百譱), 이재완(李載琓), 고순덕(高舜德) 10인이었고 이들이 한국심리학 창시자들이다.

국내에 심리학이 도입된 것은 1917년 이화여자학당에서 개설된 심리학 강의가 최초였다. 1920년대에는 이화여자전문학교와 연희전문학교에 심리학 강의가 있었다. 사립학교에서는 주로 미국 심리학을 도입해서 가르친 반면 일본정부가 1924년 세운 경성제국대학에서는 독일의 심리학을 강의했다. 해방 후 1946년 10월에 서울대학교가 개교되고 심리학과가 창설된 점에서 한국의 심리학은 1946년에 시작되었다고 말할 수도 있다. 조선심리학회는 '대한심리학회'로 개칭되었다가 다시 '한국심리학회'로 명칭을 바꾸어 오늘에 이르고 있다. 구전에 의하면 당시 회원들이 '대한심리학회'의 '대한'은 그 의미가 너무 거창하다고 하여 '한국심리학회'로 바꾸었다고 한다.

1946년 서울대학교 문리과대학에 심리학과가 설립되었고, 1947년에는 중앙대학교, 1953년에는 이화여자대학교에 심리학과가 설립되었다. 서울대학교 사범대학에 교육심리학과가 1953년 설립되고, 1954년에는 성균관대학교에 심리학과가 설립되었다. 1959년에는 고려대학교가 교육심리학과를 개설했고 1963년에 심리학과가 되었다.

1961년 5·16 군사혁명 이후 학교정비 기준령에 의해 서울대학교 사범대학 교육심리학과는 교육학과로 흡수되고 이화여자대학교의 심리학과도 교육심리학과로 바뀌었다. 1962년에는 서울대학교에 학생지도연구소가 생겨서 심리학을 전공하는 대학원생이나 대학원 졸업생들의 훈련과 연구를 돕는 역할을 했다. 서울대학교(1946년), 이화여자대학교(1952년), 성균관대학교(1958년), 중앙대학교와 고려대학교(1963년)에 심리학 대학원 과정이 개설되면서 대학원 교육이 본 궤도에 올랐고, 1962년 무렵에는 교수의 절반이 석사학위를 갖고 있었다.

▸1960년대부터 1980년대까지

1963년에서 1973년 사이의 한국심리학은 '이륙'을 한 시기로 볼 수 있다. 초기에는 연간 4편의 논문이 발표되던 것이 1973년에는 62편으로 급격히 증가하였다. 여러 원인이 있으나 직접적으로는 대학원 졸업생 수가 증가한 것이 가장 큰 원인이다. 1970년대 중반부터는 미국에서 박사학위은 학자들이 귀국해서 활동하기 시작하였다. 이 시기에는 대학원생들 중 일부가 산업이나 임상 분야로 들어가서 훈련을 받기 시작하였고 응용심리학자들이 생겨나기 시작했다.

1974년에서 1977년은 한국심리학의 내실화와 다변화의 시기이다. 석사 이상의 학위를 가진 심리학자의 수가 계속 증가했는데, 1976년 한국심리학회 회원 중 34명이 박사학위를 소지했으며, 이들 중 19명이 미국, 2명은 서독, 그리고 1명은 프랑스에서 학위를 받았다. 20년 전인 1953년에 1명만 박사학위를 소지하고 있었던 것에 비교하면 비약적인 발전이었다. 바야흐로 제대로 연구를 수행할 능력을 가진 국내 심리학 인력이 급격히 늘어나기 시작한 것이며, 교수직을 가진 사람의 수도 1965년의 29명에서 1976년에는 75명으로 늘어났다.

1978년부터 1983년까지는 국내 심리학의 확산기이다. 이 시기에 지방대학교에 심리학과가 창설되기 시작하였다. 1978년에 부산대학교, 대구 효성여자대학교, 부천 성심여자대학교, 전남대학교에 심리학과가 설치된 것을 시작으로 12개 심리학과가 지방에 설치되었다. 경상대학교가 1983년에 국립대학 가운데 마지막으로 심리학과를 창설해서 이 무렵에는 23개의 심리학과(심리학과 19개, 교육심리학과 3개, 산업심리학과 1개)가 전국에 분포했다.

▸1990년대 이후

1984년부터 1994년까지 10년은 심리학자 수가 꾸준하게 증가된 인력 증대의 시기이다. 1983년에 한국심리학회 회원수가 248명이었으나 1994년에는 651명으로 2배 이상 증가하였다. 1983년 회원 중 박사학위 소지자 백분율이 28.6%이었으나 1994년에는 44.4%로 늘어났다. 이때부터 심리학계는 석사보다는 박사학위 소지자들의 활동무대로 변하였다. 학과 증설도 계속되어 심리학과 3개, 재활심리학과 1개, 산업심리학과 2개가 신설되었다.

1994년에 651명이던 회원이 1995년에는 993명, 1998년에는 1,448명에 이르렀다. 박사학위 소지자 백분율은 1999년(회원수 1,479명)에는 38.5%로 하강했는데, 이는 신입회원 등록이 크게 증가했기 때문이다. 1994년 이후에도 3개의 학과(심리학과 1개와 산업심리학과 2개)가 신설되었다. 이화여자대학교의 교육심리학과는 심리학과로 되돌아갔다. 2000년 말 전국의 심리학 관련 학과 수는 32개(심리학과 24개, 산업심리학과 5개, 교육심리학과 2개, 재활심리학과 1개)에 이르고 있다.

해방 후 남한에 주둔했던 미군의 영향도 있고 심리학의 중심지가 미국이었으므로 해방 후에 출발한 한국의 심리학은 미국 심리학의 영향을 받았다. 한국심리학의 연구는 거의 모든 이론분야와 임상, 상담, 산업, 조직, 여성, 범죄 등 각종 사회문제에 걸쳐 이루어졌다. 유교 등 한국의 전통문화를 다루는 연구들도 생겨나고 있다. 최근에는 우리 사회의 경제수준이 높아지고 세계와의 경쟁이 본격화되면서 심리학 수요가 더 높아지고 있다.

4 심리학의 최근 경향

1) 진화심리학

진화심리학(Evolutionary psychology, EP)은 진화생물학과 인지심리학이 조합된 과학 분야(Evans & Zarate, 1999)로서 동물의 심리를 진화론적 관점에서 이해하려는 학문이다. 진화심리학은 두뇌가 기능적 기제를 많이 포함한다고 주장하여 신경계를 지닌 모든 동물에게 적용할 수 있지만, 그중에서도 주로 인간의 심리를 연구한다. 이 기제들은 자연선택에 의해서 진화된 심리적 적응 또는 진화된 심리적 기제(Evolved Psychological Mechanisms, EPMs)라고 불린다. 시각, 청각, 기억, 운동제어 등이 대표적인 진화된 심리적 기제들이다. 논란이 되는 기제로는 근친상간을 피하는 기제, 사기꾼 탐지 기제, 성에 따른 짝짓기 선호와 전략, 공간지각 등에 관한 것이다. 진화심리학자들은 진화된 심리적 기제가 성차나 연령에 따른 차이를 제외하고는 한 종에게 보편적이라고 주장한다. 진화심리학은 인지심리학과 진화생물학뿐만 아니라 행동생태학, 인공지능, 유전학, 동물행동학, 인류학, 고고학, 생물학, 동물학 등에도 크게 의존한다.

진화심리학이라는 용어는 1973년 미국의 생물학자인 마이클 기셀린(Michael Ghiselin)의 논문에서 처음 사용되었다. 제롬 바코(Jerome Barkow), 레다 코스미데스(Leda Cosmides), 존 투비(John Tooby)는 그 용어를 자신들의 저서인 《적응된 마음: 진화심리학과 문화의 형성*The Adapted Mind: Evolutionary Psychology and the Generation of Culture*》(1992)에서 대중화시켰다. 진화심리학은 경제학, 공격성, 법, 정신의학, 정치학, 문학, 성 등을 포함하는 다양한 분야의 연구들에 적용되어 왔다.

진화심리학의 역사는 찰스 다윈으로부터 시작되었다. 그의 주장에 의하면, 인간은 자연선택에 의해서 진화된 사회적 본능을 갖고 있다.

다윈은 윌리엄 제임스와 지그문트 프로이트 같은 심리학자들에게 영향을 미쳤지만, 20세기 동안에 심리학자들은 인간행동에 가장 가까운 설명인 행동주의에 초점을 두었다. 에드워드 윌슨(Edward Wilson)의 《사회생물학*Sociobiology*》(1975)은 인간을 포함한 동물의 사회적 행동에 대한 최신의 진화론적 추세를 정리했다. 이전의 사회생물학과 마찬가지로, 진화심리학은 논쟁에 휩싸여 왔지만, 진화심리학자들은 자신들의 분야가 전반적으로 수용되고 있다고 본다.

사회생물학과 행동생태학에서는 유기체란 적합성을 극대화하는 존재(fitness maximizers)라고 보고, 진화심리학에서는 유기체를 적응 실행자(adaptation executors)라고 강조한다. 과거에 유기체는 전체적으로 적합성을 증가시켰으나 현재는 그렇지 못할 수도 있는 정서, 동기, 인지적 적응문제를 갖고 있다. 이런 구분은 고대와 현대의 환경 간 '적합성 간격'의 결과인 부적응 행동을 부분적으로 설명한다. 예를 들면 과거 설탕, 소금 등에 대한 욕망들은 이미 충분하게 얻을 수 있는 현대 환경에서는 건강문제를 일으키고 있다. 사회생물학과 행동생태학은 인간이 아닌 동물행동을 연구함으로써 외현행동에 일차적 초점을 더 두고 있는 것과는 달리, 진화심리학은 정서, 동기 및 인지적 기제를 포함하는 심리적 적응기제를 찾아내려고 노력한다. 그리고 이 기제들이 발달 및 현재의 환경적 영향과 상호작용하여 어떻게 행동을 일으키는지에 대해서 연구한다.

진화론의 초점은 기능을 분석하는 것이다. 예를 들어 간을 연구한다면 혈류에서 독성물질을 거르는 기능을 빼놓고 간을 이해할 수 있을까? 마찬가지로 마음을 이해하려면 질투, 짝짓기, 공격, 협동 등을 일으키는 심리구조의 기능을 이해해야 한다.

▸ **찰스 다윈(Charles Darwin, 1809~1882)**
살아남는 자는 가장 강한 자도 아니고 가장 똑똑한 자도 아니다, 변화에 적응하는 자다(1859).

인간의 모든 행동은 심리기제들이 외부 환경과 상호작용한 결과이다. 이제까지 이런 복잡한 심리기제를 만들어낼 수 있는 과정은 자연선택에 의한 진화뿐이다. 그러므로 인간의 마음은 진화의 산물이다.

진화심리학적 관점은 기업의 마케팅을 비롯한 광범한 인간행동 영역에 적용될 수 있다. 인간의 짝짓기 전략을 이해하는 것이 기업의 마케팅 전략이나 소비자 행동 이해, 제품 디자인, 상품 포장에 유용한 정보를 제공할 수 있을 것이다. 진화심리학적 지식은 스토킹, 성폭행, 우울증 같은 사회문제를 해결하는 데도 도움을 줄 수 있다.

1990년대 심리학 개론 서적에서는 다윈에 대해서 거의 소개하지 않았다. 1990년대에는 심리학 교과서가 다루는 범위가 엄격해서 진화심리학을 주변 이론으로 취급했고, 진화심리학자들도 스스로 소수집단으로 간주했다. 그러나 진화심리학자들에 따르면 현재의 심리학 교재들은 일반적으로 중립적이고 균형을 이루고 있다. 심리학에서 진화론에 대한 언급이 점차 증가하고 있고, 이제는 심리과학의 중요한 위치로 자리를 잡아가고 있다.

진화심리학은 인간행동을 진화생물학, 인류학, 인지과학, 신경과학의 통합에 기반을 두고 설명하는 접근방법이다. 그러므로 진화심리학은 심리학의 특수한 하위영역이 아니다. 그러므로 진화심리학은 심리학 내의 어떠한 주제에 관해서든 적용할 수 있는 사고방식이라고 말할 수 있다(Cosmides & Tooby, 2000).

존 투비는 미국의 문화인류학자로 배우자인 심리학자 레다 코스미데스 등과 함께 저술한 《적응된 마음 : 진화심리학과 문화의 형성》으로 진화심리학 분야 개척에 도움을 주었다. 캘리포니아 대학교(UCSB)의 진화심리학센터 공동 설립자이자 공동 소장이다.

▸존 투비(John Tooby, 1952~현재)

진화심리학은 우리 조상들이 원시적 환경에서 직면했던 문제들과 그 구체적인 문제들을 해결하기 위해서 만들어낸 문제해결 기제들을 재구성하고자 한다. 이렇게 재구성된 문제해결 적응을 이용해서 우리 조상들의 일반적 행동근거들을 설정하고, 현대인의 광범한 문화 속에서 이것들이 표출되는 방식을 알아낸다. 진화심리학의 목표는 자신의 유전인자를 다음 세대로 전달하려는 보편적인 목적을 지닌 인간행동을 이해하는 것이다.

진화심리학의 핵심에는 모든 인간은 뇌 속에 내적 영역을 지니고 있으며, 인간의 뇌는 특정 환경에 적응하는 데 도움이 되는 특정 지식을 담고 있다는 신념이 있다. 뇌 속의 내적 영역은 매우 세분화되어 있고 그 정보가 필요할 때만 활성화된다. 이 영역은 오랜 과거로부터 오늘날 우리가 직면하는 상황을 포함해서 모든 환경에 적응하도록 진화되어 온 것으로 뇌에게 구체적이고 연산적(단계적) 지시를 제공한다. 그러나 우리의 뇌는 깊은 역사 속에서 생존하도록 조건화되어 있기 때문에, 과거의 조건들은 결과적으로 어떤 사람에게는 억압된 상태가 되어 유전자와 문화 사이에서 희미한 영역이 된다.

진화심리학은 현대 진화적 관점에서 기억, 지각, 언어 등의 심리학적 특성들을 탐색하는 사회과학과 자연과학의 접근법이다. 진화생물학에서는 심장, 폐, 면역체계 같은 생리적 기제들에 대한 적응적 사고가 보편적이나 반면 진화심리학은 진화적 사고를 심리학에 적용한다. 진화심리학에서는 마음(mind)이 신체와 마찬가지로 모듈(module) 구조를 지니고 있어서 상이한 모듈 적응은 상이한 기능을 제공한다고 주장한다. 진화심리학들의 주장에 의하면 인간행동은 심리적 적응의 산물이다. 그것은 옛 환경에서 반복되어 발생하는 문제들을 해결하기 위해서 진화된 것이다.

▸ 레다 코스미데스(Leda Cosmides, 1957~현재)

적응적 접근방식은 심리학의 전반적인 분야에서 점진적으로 영향력을 키워왔다. 진화심리학자들에 의하면 진화심리학은 심리학의 단순한 하위영역이 아니다. 진화심리학은 생물학에서와 마찬가지로 심리학의 전 분야에 걸쳐서 기본적인 통합적 이론체계를 제공할 수 있다. 타인의 정서를 추론하는 능력, 다른 것으로부터 동족을 구별하는 능력, 보다 더 건강한 짝을 찾아내는 것, 타인들과 협력하는 것 등의 모든 문화에서 일반적으로 볼 수 있는 인간행동과 특성들은 진화적 적응을 위한 훌륭한 대안들이다. 진화심리학자들은 영아살해(infanticide), 지능, 결혼 양식, 난교(promiscuity), 미에 대한 지각, 결혼 지참금(bride price) 그리고 부모로서의 투자(parental investment) 같은 주제 및 이론적 예언에 대한 성공적인 검증을 보고한다. 진화심리학의 이론과 연구결과들은 경제학, 법학, 정신분석학, 정치학, 문학 등 매우 다양한 분야에 적용될 수 있다. 진화심리학에 대한 논란은 연구결과들에 대한 해석으로 인한 정치적 · 윤리적 주제뿐만 아니라 검증 가능성, 인지 및 진화적 가정(예를 들면 뇌의 연산적 기능이나 선조들의 환경 등), 비유전적 설명이나 비적응적 설명의 중요성에 대한 의문들과 관련이 있다.

2) 문화심리학

현대 심리학이 비록 서양에서 시작되었고 미국을 중심으로 발전해왔지만 21세기 심리학의 연구는 다양한 문화권에서 이루어지고 있다. 여러 문화권에서 수행된 심리학 연구들은 문화에 관계없이 보편적인 결과를 얻기도 하지만 문화에 따라서 상이한 결과들이 얻어지기도 한다. 1980년대 이후로는 서양이 아닌 제3세계 여러 지역에서도 심리학이 활발하게 연구되면서 문화와 심리학의 관련성을 다루게 되었다(Price & Crapo, 1999; 성균관대학교응용심리연구소, 2004 재인용). 또한 우리나라의 화병(火病)과 같이 각 사회의 문화에서 나타나는 고유한 심리적 현상들을 다루는 연구들도 많이 이루어지고 있다(한덕웅, 1994, 2003; 최상진, 2000; Kao & Sinha, 1997; 성균관대학교응용심리연구소, 2004 재인용). 따라서 문화마다 인간행동에 대한 심리학적 원리가 달라지는지에 대한 관심과 연구가 많아졌다.

문화심리학(Cultural psychology)의 기초는 개인의 문화적 배경이 그들이 생각하는 방식과 연계되어 있다는 것이다. 문화심리학과 심리학 여러 분야의 신념은 마음이 움직이는 데 보편적인 법칙은 없다. 심리학자들은 서로 다른 문화권의 환자를 치유하기 위한 상이한 방법을 찾아내는 목적으로 서로 다른 문화를 연구한다. 문화심리학의 또 다른 중요한 부분은 특정 문화집단의 사회적 실천이 어떻게 집단 구성원들의 인지적 발달에 영향을 미치는가를 배우는 것이다. 1960년대 처음 시작된 문화심리학은 이제 심리학의 주요 영역이 되고 있다.

지금까지 서구사회를 중심으로 이루어진 심리학적 연구결과들이 문화에 상관없이 보편적으로 적용될 수 있는가에 대한 의문이 제기되면서 심리학자들은 다음과 같이 접근했다.

첫째, 비교문화심리학(Cross-cultural psychology)적인 접근이다. 심리학자들은 비교문화 연구를 시작했다. 서구사회를 중심으로 한 심리학 연구에서 발견한 심리적 현상들을 다른 문화권에서도 연구하고 비교함으로써 여러 문화권에서 그 보편성이 인정되는지 확인하려고 한다. 대체로 비교문화 연구에서는 서구 심리학의 결과가 문화적 보편성을 지니고 있다고 가정한다. 그렇지만 서구지역 이외의 다른 문화권에서 이루어지는 심리학 연구는 견해가 다르다. 제3세계에서 이루어진 심리학 연구에서는 서구 심리학 이론이 각 문화권에 어느 정도나 타당하게 일반화되는지 평가하는 데 관심이 있다.

비교문화심리학자들은 일반적으로 문화를 지역문화가 어떻게 심리학적 과정을 형성하는가를 알아보기보다는 심리적 과정의 보편성을 검증하는 수단으로 생각한다. 그러므로 문화심리학자들은 특정 문화의 사회적 실천이 어떻게 다른 방식으로 인지과정 발달을 형성하는가에 관심이 있지만, 비교문화심리학자들은 장 피아제(Jean Piaget)의 발달단계가 다양한 문화권에서 보편적인가를 질문한다.

둘째, 문화심리학적인 접근이다. 문화심리학은 심리학의 한 분야로서 문화, 전통, 사회적 실천이 인간의 통합을 위한 정신에 미치는 영향 및 그 연구를 다루는 심리학의 한 분야이다(Shweder, 1991). 문화심리학 연구가 활발하게 이루어지기 시작하면서 문화심리학에서는 문화에 따라서 인간의 심리와 행동이 서로 다르게 형성된다고 가정한다. 문화마다 형성된 역사적 지정학적 배경이 다르므로 문화적 역사의 배경에 의해서 인간의 심리와 행동을 설명할 수 있는 심리학적 연구가 필요하다. 문화심리학자들 가운데 일부는 다양한 문화권에서 공통적으로 볼 수 있는 심리현상을 이해하고 설명하기 위해서 문화 보편적인 개념을 발굴함으로써 문화심리학을 확립할 수 있다고 믿는다.

반면에 각 문화권에 독특한 인간의 심리현상을 설명하는 언어와 개념이 달리 형성되었기 때문에 학문적 용어들이 달라야 한다는 토착심리학적 접근법(indigenous psychological approach)이 있다. 특정한 문화에서 인간의 마음과 행동을 설명하기 위해서는 흔하게 사용하는 심리학적 개념들을 발굴하고, 그 문화에 적합한 특수한 이론을 제안해야 한다. 즉 한국 문화에서 한국인의 행동과 심리를 이해하고 설명하려면 서양 심리학보다는 한국에 고유한 사상이나 전통문화 중에서 현대 심리학 이론으로 사용하기에 적합한 개념과 용어들을 발굴하여 연구해야 한다.

예를 들면, 한국인들의 일상생활에서 나타나는 심리와 행동을 잘 설명할 수 있는 정(情), 한(恨), 체면, 의리, 효도 등의 용어들이 있다. 다른 문화권에서도 이 개념들로 설명할 수 있는 심리적 현상들이 있지만, 이 개념들의 의미를 다른 문화권에 정확하게 전달하기 위한 적절한 심리학적 용어를 찾을 수 없다. 그러므로 한국에서 한국인의 심리와 행동을 잘 설명하려면 이 개념들을 심리학적 용어로 잘 가꾸어서 연구해야 한다. 이런 노력을 통해서 토착심리학의 공식화된 이론이 형성되면 화병이나 신들림 같은 우리나라 고유의 심리적 현상들이 세계적인 학술무대에 소개되고 공식적 연구주제로 인정받을 수 있을 것이다.

제2장

일과 심리학: 산업 및 조직심리학

초기 실험심리학에서는 심리학의 과학성을 매우 강조했다. 실험실에서 엄격한 실험을 통해 인간행동을 설명할 수 있는 일반원리를 밝히고자 하였다. 이러한 노력의 결과로 심리학은 인간행동에 대한 과학적 지식을 축적해 나갔다. 20세기 초반에 과학적 지식의 실용성에 관심 있는 심리학자들 중에서는 축적된 심리학 지식을 일상생활에 유익하게 활용하는 문제에 노력을 기울였다.

산업화가 가속화되면서 작업장에서 일어나는 격렬한 노사분규, 생산성 저하, 근로의욕의 감퇴 같은 인간문제들이 사회의 관심거리로 부각되었다. 따라서 작업장에서의 생산성 향상에 대한 관심과 심리학 지식을 일상생활에 응용하려는 노력은 심리학자들이 직장에서 생산성과 관련된 인간행동에 관심을 갖는 계기가 되었다. 인간행동에 대한 심리학자들의 관심분야는 매우 광범위하기 때문에 직장에서 일어나는 인간행동은 심리학자들의 과학적 관심 또는 해결되어야 할 당면문제로서 주목을 끌었다.

1 산업 및 조직심리학의 목표

다른 과학들과 마찬가지로 심리학은 과학과 응용의 목표를 지니고 있다. 현상을 있는 그대로 이해하고 설명하는 것이 과학의 일차적 목표이기 때문에, 과학적 연구를 통해서 얻은 지식이나 정보가 실제로 어떻게 이용될 것인가에 대해서는 관심이 없다. 반면에 응용이란 실용적인 목적으로 과학정보들을 사용하려는 노력이다. 이론적인 원리를 실생활의 문제를 해결하는 수단으로 사용하는 것까지 넓은 의미의 응용이라고 본다. 현장에서의 경험적 검증에 의해서 이론의 유용성이 밝혀지고, 용어들이 적절하게 설명될수록 문제해결이 좋아진다. 반면에 이론을 지지하는 경험적 증거들이 적고 애매모호할수록 문제해결은 확신할 수 없다.

1960년대 이전까지만 해도 산업심리학자들은 작업장에서 발생하는 실무적인 문제들을 해결하는 일에 주력하는 반면, 작업행동에 대한 과학적 지식을 축적하는 일에는 관심이 없었다. 이런 이유 때문에 산업심리학이 산업체의 경영활동을 돕기 위한 도구와 기법들을 개발하는 분야라고 보는 제한된 시각도 있었다.

심리학의 지식을 작업장에서 일어나는 실무적인 문제해결에 활용하는 데 치중하던 초기의 산업심리학은 점차 심리학의 과학과 응용적 목표 사이의 균형을 이루는 방향으로 변화해 왔다. 작업장에서 일어나는 인간행동에 대한 기초이론을 정립하려는 체계적인 연구가 산업심리학의 중요한 활동분야로서 인식되기 시작한 것이다. 1960년대 초를 기준으로 조직이론가들은 직장에서 일어나는 행동을 과학적으로 설명하는 일에 큰 관심을 갖게 되었다. 대부분의 조직이론가들이 심리학이 아닌 다른 학문을 배경으로 한 결과 조직행동(organizational behaviors)에서 정립된 초기 개념들은 사회학, 정치과학 및 경영실무 등에 의해서 영향을 받았다.

조직행동 분야의 개념들은 심리학에서 이제껏 다루어진 적이 없었지만, 심리학의 한 분야인 산업심리학에 매우 유용한 이론적 방향을 제시하였다. 기초과학적 연구보다는 응용을 더 강조하던 산업심리학이 응용과 과학의 조화를 꾀하려는 노력으로 전환됨으로써 이 분야의 모습을 크게 바꾸어놓았다. 산업심리학은 이제 스스로 설명 자료들을 얻어낼 수 있고, 작업장에서 일어나는 인간행동에 대한 자체적인 이론들을 발전시키고 검증할 수 있게 되었다. 산업심리학은 더 이상 기초 심리학 분야에 크게 의존하지 않게 되었다. 따라서 산업조직심리학 분야의 인재를 양성하기 위해서는 '과학자-실천가 모형(scientist-practitioner model or Boulder model)'을 채택해야 한다. 과학자-실천가 모형은 연구와 과학적 실무의 기초를 마련하기 위해 만들어진 대학원 교육 프로그램 모형이다. 이 모형은 일차적으로 미국심리학회 임상심리학자를 훈련시키기 위해서 개발되었고 다른 전문 프로그램에서도 사용되어 왔다. 이 모형에 따르면 심리학자는 과학자이고 유능한 연구자이며 동시에 임상적 문제해결에 지식과 기법들을 적용하는 실천가이다.

2 산업 및 조직심리학의 역사

뮤친스키(Muchinsky, 1993)는 산업심리학의 역사를 태동기(1900~1916), 제1차 세계대전기(1917~1918), 제1차 및 제2차 세계대전 중간기(1919~1940), 제2차 세계대전기(1941~1945), 1946년 이후의 전문화 단계로 구분한다. 다음에서는 산업심리학의 각 발전단계별로 중요한 연구주제와 연구방법 및 산업심리학의 발전방향에 영향을 미친 인물과 사건들을 요약한다.

1) 태동기(1900~1916)

20세기로 들어오면서 초기 실험심리학과 산업공학이라는 두 세력이 산업심리학이 태동하는 계기를 만들어 주었다. 당시 실험심리학자들은 심리학의 과학성을 엄격하게 준수하려고 노력했기 때문에, 순수한 연구영역을 벗어나서 일상적인 문제를 다루는 것에 소극적이었다. 그렇지만 예외적으로 브라이언과 하터(Bryan & Harter, 1899)는 무선사가 모스(morse)부호를 이용하여 송수신하는 행동을 관찰하여 그 결과를 논문으로 발표했다. 브라이언은 1903년 미국심리학회 회장에 취임하는 연설에서 산업체의 작업행동을 구체적으로 연구해야 한다고 지적한 것은 아니지만, 이제는 심리학자들이 일상생활의 구체적인 활동과 기능을 연구할 때라고 주장하였다. '산업심리학(Industrial psychology)'이라는 용어는 1904년에 발표한 그의 논문에 처음 등장했는데, 공교롭게도 5년 전에 하터와 함께 발표한 논문에서 '개인 심리학(Individual psychology)에서의 보다 많은 연구가 절실하다'는 문장을 인용하다가 일어난 인쇄의 오류였다.

산업심리학의 태동에 영향을 준 두 번째 세력은 작업현장에서 생산성을 높이려는 산업공학자들의 열망이었다. 산업공학자인 프레드릭 테일러(Frederick Taylor)와 프랭크 길브레스(Frank Gilbreth)는 직무를 재설계(redesign)하고 훈련프로그램을 만들었으며, 노동자의 생산성을 높이는 사원 선발방법을 이용하는 데 심리학적 원리들을 이용하였다. 그리하여 심리학 지식의 응용과 산업 생산성 증진에 대한 관심은 산업심리학이 출현하는 결정적 요소가 되었다.

산업심리학은 1910년대에 이르러서야 심리학의 한 분야로서 제자리를 확보하게 되었다. 월터 딜 스콧(Walter Dill Scott), 테일러, 휘고 뮌스터베르그(Hugo Münsterberg), 그리고 제임스 맥킨 카텔(James McKeen Cattell)은 산업심리학의 선구자들로서 뛰어난 인물들이다.

(1) 스콧

미국 노스웨스턴대학의 월터 딜 스콧은 최초의 응용심리학자(산업심리학자) 중의 한 사람으로 심리학을 인사선발 및 광고와 같은 경영실무에 응용했다. 미국심리학회 회장과 노스웨스턴대학의 총장을 역임하였다. 그는 1901년 12월 20일 시카고의 사업가들로부터 광고에 심리학을 적용할 필요성에 대한 강의를 부탁받았다. 강의에 대한 반응이 좋아서

▸ 월터 딜 스콧(Walter Dill Scott, 1869~1955)

SYCHOLOGY
OF ADVERTISING
A Simple Exposition of
The Principles of Psychology
In Their Relation to
Successful Advertising
By WALTER DILL SCOTT, Ph.D.
Boston
Small, Maynard & Company
1910

[그림 2-1] 스콧의 《광고심리학》 표지

그 내용을 《광고이론*The Theory of Advertising*》(1903)과 《광고심리학 The Psychology of Advertising》(1908)으로 출간했다. 첫 번째 책은 사람들에게 영향을 주는 방법에 관한 것이고, 두 번째 책은 모방, 경쟁, 충성, 그리고 주의집중과 같이 광고효과를 향상시키는 전략에 관한 것이다. 1911년에는 관심의 범위를 넓힌 《사람들에게 영향을 미치는 사업가*Influencing Men in Business*》와 《사업에서 인간 효율성을 증진시키는 방법*Increasing Human Efficiency in Business*》라는 책을 출간하였다. 제1차 세계대전 중에는 군대 인사절차에 산업심리학을 응용하는 데 기여했다.

(2) 테일러

프레드릭 테일러는 철강회사의 일반노동자로 입사한 후 기계공, 조장, 직장, 주임을 거쳐 수석 엔지니어로 승진하는 동안, 작업장에서 은밀하게 일어나는 태업문제를 개선하기 위해서 금속 절삭작업을 대상으로 새로운 관리법을 개발하였다. 1890년 이후에는 경영 컨설턴트로 자문과 강연, 저술활동을 하면서 《과학적 관리법*Principles of Scientific Management*》(1911)을 출간하였다. 현장의 풍부한 경험과 자기훈련을 통해 많은 특허를 얻어냈다. 말단 노동자에서 마침내 공장관리자로 일하면서 회사를 위해서는 생산성을 높이고 노동자에게는 높은 임금을 보장하는 작업상황으로 노동현장이 재설계되어야 한다는 것을 실감했다. 그는 과격한 파업, 이직, 징계, 의도적인 작업제한 같은 작업행동에 대한 집단영향, 그리고 일할 의욕을 잃은 노동자들의 문제에 관심이 있었다.

▸ 프레드릭 테일러(Frederick Taylor, 1856~1915)

그후 《과학적 관리법》에서 과학적 관리의 원리를 다음의 네 가지로 정리하였다. 첫째 생산성 증진을 위해서 과학적으로 설계된 작업방법, 둘째 우수한 사원을 선발하고 훈련시키는 방법, 셋째 관리자와 노동자 간의 협동정신, 넷째 관리자와 노동자 간의 작업설계와 진행에 대한 공동책임이 있어야 한다고 주장했다.

테일러는 철강회사 노동자들에게 작업 중 휴식시간을 주어서 생산성이 더욱 증가했음을 증명했다. 작업과 휴식에 관한 훈련 결과, 생산성은 하루 12.5톤에서 47톤으로 증가되었고 피로도 덜 느끼는 것으로 확인되었다. 작업자의 임금이 증가했고, 회사도 톤당 9.2%에서 3.9%로 원가절감의 효과를 보았다.

그러나 과학적 관리법을 산업체에 적용한 결과, 높은 임금을 대가로 노동자들을 비인간적으로 착취하게 되었고, 작업과정이 기계화되면서 소수의 작업자만이 필요하게 되어 결국 많은 노동자들이 일자리를 잃게 되었다는 비난을 받았다. 당시의 극심한 실업상태 때문에 과학적 관리법에 대한 공격은 더욱 거세어져서 마침내 작업장은 주간통상위원회(The Interstates Commerce Commission, ICC)와 미 하원에서 조사를 받았다. 생산성의 증가는 막대한 번영을 가져오며 특정한 직무에 고용되지 못한 노동자는 자신의 잠재력을 활용할 수 있는 다른 직무에 고용될 수 있다는 과학적 관리법의 주장에 대한 논쟁은 제1차 세계대전 발발로 결말을 보지 못한 채 막을 내렸다.

[그림 2-2] 모던 타임즈(Modern Times)
1936년 제작된 찰리 채플린의 이 영화는 과학적 관리법이 만연하던 시대적 배경을 가진 작품이다. 기계문명의 발달로 대량생산이 가능해 풍요로움을 선사하지만 그 이면에는 인간이 점차 소모품으로 전락한다는 상황을 매우 풍자적으로 보여준다.

(3) 뮌스터베르그

휘고 뮌스터베르그는 심리학에서 전통적인 훈련을 받은 독일 학자로, 제임스의 초청으로 1892년에 미국으로 이민을 가 하버드대학에서 심리실험실을 운영했다. 뮌스터베르그는 산업장의 실무적인 문제들을 해결하기 위하여 지각 및 주의 등 다양한 문제들에 실험적 방법을 적용하는 데 관심이 있었다. 그의 저서《심리학과 산업의 효율성 *Psychology and Industrial Efficiency*》(1913)는 작업자 선발, 작업 상황 설계, 그리고 판매에서 심리학 활용의 세 부분으로 구성되어 있다.

가장 유명한 연구는, 안전 이동자동차의 운전사 선발검사 개발에 관한 것이다. 그는 운전사 직무의 모든 측면을 체계적으로 연구했다. 이동자동차에 대한 실험실 모의상황을 개발하여, 우수한 운전사는 자동차의 진행에 영향을 미치는 모든 요인들을 동시적으로 파악해야 한다는 결론을 내렸다.

그는 산업심리학의 아버지로 인정받았지만, 제1차 세계대전이 일어나자 조국인 독일을 지지했기 때문에 미국에서 추방당했다. 불행하게도 자신의 연구를 이어갈 후학들을 양성하지 못했기 때문에, 그가 산업심리학으로부터 갑작스럽게 떠난 뒤 이 분야에서 과학적 연구의 공백기가 생겼다.

▸ **휘고 뮌스터베르그**(Hugo Münsterberg, 1863~1916)
독일계 미국 심리학자이며 산업심리학의 아버지로 불리운다.

(4) 카텔

미국의 심리학자 제임스 맥킨 카텔은 빌헬름 분트의 제자로 독일에서 실험심리학에 대한 훈련을 받은 뒤 귀국해서 컬럼비아대학과 펜실베이니아대학의 심리학교실을 창립했다. 컬럼비아대학 심리학과에 재

▸ **제임스 맥킨 카텔(James McKeen Cattell, 1860~1944)**
1921년에는 산업체와 기업에서 이용 가능한 응용심리학 연구를 목적으로 '심리법인(the Psychological Corporation)'을 창설했고, 이 연구소는 산업심리학 발전에 크게 기여했다.

직하면서 현장의 실무적인 문제에 심리학의 원리(특히 심리검사)를 응용하는 데 관심을 가졌다. 프랜시스 골턴(Francis Galton)으로부터 개인차(individual difference)와 연상(association) 연구의 영향을 받았다. 1890년 처음으로 '정신검사(mental testing)'라는 용어를 사용했다.

2) 제1차 세계대전기(1917~1918)

제1차 세계대전 이전에는 산업심리학이 심리학의 영역인지 자체가 논란의 대상이었다. 산업심리학은 산업체뿐만 아니라 산업심리학을 탄생시킨 심리학에서도 적극적으로 받아들여지지 않았다. 산업체에서 발생하는 다양한 문제들에 심리학의 일반원리들을 적용하려는 활동도 활발하게 이루어지지 않고 있었다. 그러나 제1차 세계대전은 심리학 중에서도 특히 응용심리학의 발전에 큰 원동력이 되었다. 심리학자들은 전쟁을 산업심리학의 발전을 가속화할 수 있는 기회로 생각했다. 특히 전쟁으로 말미암아 사병선발을 위한 심리검사운동이 활발하게 전개되었고, 이에 따라서 산업심리학이 급속도로 성장하게 되었다.

(1) 여키즈

미국 심리학자인 로버트 여키즈(Robert M. yerkes)는 1919년 영장류 생물학실험실을 창설하고 1922년에 학술지 《비교심리학 저널*Journal of Comparative Psychology*》을 창간했다. 제1차 세계대전 중에는 신병모집을 위한 심리검사위원회(the Committee on the Psychological

Examination of Recruits)의 위원으로 군대 지능검사를 개발하여 실시했다. 또한 각성과 수행 간의 가설인 여키즈-도슨 법칙(Yerkes-Dodson's law)을 발견했다.

그는 전쟁 중에 심리학을 군대에 가장 적극적으로 연결시킨 심리학자였다. 당시 미국심리학회 회장으로 정신적 결함이 있는 지원자를 가려내고, 신병들을 적절한 부서에 배치하는 등 전쟁 수행을 위한 전문적 계획을 세웠다. 심리학자들로 구성된 신병모집을 위한 심리검사위원회는 사병들의 사기, 신체적 결함과 관련된 심리적 문제들, 군의 규율 등에 관하여 조사했다. 여키즈는 전투와 같이 어려운 일을 수행할 수 있는 사람과 그렇지 못한 사람 간의 중요한 차이는 지능이라고 가정하여 지능검사인 '군대-알파 검사(the Army Alpha tests)'를 개발했다. 이 검사는 알프레드 비네(Alfred Binet) 지능검사와 유사하지만 한 명의 검사자가 많은 검사 대상자들을 동시에 검사하도록 개발된 최초의 집단지능검사이다. 이어서 '군대-베타 검사(the Army Beta tests)'도 개발했는데, 이 검사는 영어 때문에 군대-알파검사를 제대로 받을 수 없는 지원자들을 위해서 동작만으로 실시할 수 있는 검사이다.

여키즈와 월터 반 다이크 빙엄(Walter van Dyke Bingham) 등 많은 심리학자들은 약 200만 명의 군 입대 지원자 및 군인들에게 군대-알파 및 군대-베타 검사를 실시했다(Larson, 1994; McGuire, 1994). 이 과정에 질문지형 직무명세서, 구조화된 직무지식 검사 및 장교 평정형 등을 개발하고 훈련 및 심리상담을 함으로써 심리검사가 대중화되는 계기를 만들었다.

▸ 로버트 여키즈(Robert M. Yerkes,1876~1956)

제1차 세계대전이 끝난 후에, 산업심리학자들은 지역사회와 산업체에 기여할 수 있는 전문가들로 인정받았다. 그리고 산업심리학은 산업체에서 인사문제를 주로 다루는 인사심리학(Personnel psychology) 분야로서 자리 잡았다. 1917년에는 산업심리학의 대표적 학술지로 인정받고 있는 《응용심리학 저널*Journal of Applied Psychology*》이 창간되었다. 전쟁이 끝난 후에는 심리학적 경영자문회사와 연구사무소들이 성황을 이루었다.

3) 제1차 및 제2차 세계대전 중간기(1919~1940)

(1) 빙엄

월터 반 다이크 빙엄은 1~2차 세계대전 중 미 육군에서 군대 지능검사를 개발하고 사용하는 데 공헌했다. 제1차 세계대전으로 산업심리학은 산업체의 실무적인 문제를 해결할 수 있는 실용적인 응용심리학으로 인정받았는데 카네기 기술연구소(Carnegie Institute of Technology)에 있던 빙엄은 이에 발맞춰 판매연구소를 만들었다. 당시에는 이러한 산학협동이 흔치 않았는데, 이 연구소에서는 심리학의 연구기법들을 적용하여 전혀 과학적으로 다루지 않았던 문제들을 해결했다. 그 결과물로 《판매원 채용 길잡이*Aids in Selecting Salesmen*》이라는 책을 출간하기도 했다. 또한 이 연구소는 수년 동안 판매원뿐만 아니라 사무 및 관리직원의 선발, 분류 및 훈련개발에 관하여 관심을 기울이기도 했다.

이에 견줄 만한 또 다른 회사는 1921년에 카텔이 설립한 심리법인이다. 이 회사의 설립목적은 심리학을 발전시키고 산업체에서 심리학의 활용을 증진시키는 것이었다. 현재까지 이 회사는 미국에서 규모가 가장 큰 심리검사 출판사로 남아 있다.

▸ **월터 반 다이크 빙엄(Walter Van Dyke Bingham, 1880~1952)**
카네기기술연구소(1915~1924)와 개인연구연합(Personnel Research Federation, 1924~1934)의 소장을 지냈다.

1920년대 산업심리학자들이 사용한 심리검사는 실험실에서 개인의 정신능력을 측정하는 검사와는 달랐다. 산업심리학자들이 사용한 검사들은 산업현장에서 작업자들이 작업능력의 차이를 얼마나 지니고 있는가를 측정하는 '인사용 검사(personnel test)'였다. 이때부터 비로소 산업심리학이라는 용어가 그 정체성을 갖게 되었다.

그러나 1920년대 중반 이후로 경영자들은 산업심리학에 대한 매력을 잃게 되었다(Korman, 1971). 그 이유는 첫째, 인사선발에 사용된 심리검사들이 기대한 만큼의 효과를 보지 못했다. 둘째, 당시의 능력검사에서는 작업성과를 예언하는 데 중요한 작업동기 및 성격요인들이 측정되지 않았다. 셋째, 경영자들은 산업심리학의 도움으로 노조활동이 감소할 거라고 기대했으나, 오히려 노사분규가 더욱 증가했다.

(2) 호손 연구

하버드비즈니스스쿨(Harvard Business School)의 엘튼 메이오(Elton Mayo)와 프리츠 뢰슬리스버거(Fritz Roethlisberger)의 주도로 서부전기회사(Western Electric Company)의 자회사인 호손(Hawthorne) 공장에서 1924년부터 1932년까지 산업심리학자들의 관심사를 크게 변화시킨 실험들이 시작되었다. 이 현장실험연구를 '호손 연구(Hawthorne Studies)'라고 하며 산업심리학의 고전적 연구이다. 이 연구의 원래 목적은 작업장의 물리적 환경조건인 조명도와 생산성 관계를 밝히는 것이었다. 실험은 전기제품 부품을 생산하는 작업장의 조명도를 매우 밝은 조건부터 달빛 정도 밝기까지 다양하게 시도되었다. 그 결과 조명도와 생산성 간에는 분명한 관계가 드러나지 않았다. 생산성은 조명의 증가, 감소, 유지와 관계없이 증가하거나 적당한 수준에 머물렀다.

이 결과를 설명하기 위해서 '호손 효과'라는 용어가 사용되었다. 이것은 일종의 '플라시보(placebo) 효과'이다. 종속변수인 생산성의 증가는 독립변수인 작업장의 조명도에 의해서가 아니라 작업장에 연구자가

[그림 2-3] 호손 연구가 실시된 계전기 조립작업 실험실의 여사원들(1930)

[그림 2-4] 호손 연구가 실시된 서부전기회사의 조립라인 공장 전경

있는 것과 같은 환경변화나 실험에 참가한 작업자들의 작업의욕, 대인관계 발전, 작업집단의 생산압력 같은 통제되지 않은 가외변수들에 의해서 일어났다.

산업심리학자들은 호손 연구를 통해 다음과 같은 시사를 얻었다.

첫째, 작업자의 행동은 단일요인에 의한 결과라기보다는 여러 요인들이 동시에 작용하여 결정된다.

둘째, 작업집단은 집단규범을 형성하여 작업행동에 영향을 미친다.

셋째, 작업집단 구성원들의 관계구조는 지위와 권력 같은 직무관련 요인에 의해서 영향을 받는다.

넷째, 개인의 욕구와 만족은 개인의 구체적인 활동상황 안에서만 이해할 수 있다.

다섯째, 작업자들이 자신과 타인들의 정서를 알고 집단에서 의사결정과정에 참여하고 있다는 사실을 자각하면, 변화에 대한 저항을 감소시킬 수 있다.

여섯째, 작업장은 개인들이 복잡하게 상호작용하는 사회적 체계이지 단순한 기계적 생산체계가 아니다.

호손 연구 결과에 의해서 산업장에서는 '인간관계운동(human relations movement)'이 급속히 일어났다. 인간관계운동은 관리자나 현장감독들이 부하 직원들의 욕구에 민감해지고 그들을 더 인간적으로 대하기 위해서 노력하게 만드는 데 관심을 두었다. 호손 연구는 이후 산업심리학의 발전에 큰 영향을 미쳤다. 하나는 산업장에서 인본주의적 가치를 확산시킨 것이고, 다른 하나는 산업심리학자들이 집단에 대한 관심을 갖게 된 것이다. 직무수행에서 요구되는 개인의 능력, 특성 등에 대한 관심으로부터 집단의 규범과 압력, 인간관계 등으로 행동분석 수준이 달라짐으로써 이후의 사회심리학이나 집단역학의 연구를 촉진하였고, 산업장에서 집단에 대한 관심을 높였다. 이는 조직심리학(organizational psychology) 또는 조직행동(organizational behavior) 분야의 발전으로 연계되었다.

4) 제2차 세계대전기(1941~1945)

제2차 세계대전은 산업심리학이 더욱 성장하도록 촉진시켰다. 전쟁이 발발되자 빙엄은 군대의 요구에 따라서 군대인사분류 및 훈련을 위한 자문위원회를 구성했다. 위원회의 첫 번째 임무는 지원병들이 임무를 배울 수 있는 능력과 군인으로서의 책임감 정도에 따라서 몇 개의 광범위한 영역들로 배치할 수 있는 검사를 개발하는 것이었다. 그렇게 개발된 것이 '군대일반분류검사(Army General Classification Test: AGCT)'로 집단심리검사의 이정표가 되었다. 자문위원회는 그 밖에도 장교훈련을 위한 선발방법과 적성검사들을 개발했다. 전쟁 중에 스파이, 태업, 기타 고도로 위험한 임무들을 수행하는 군사정보 부서인 전략사무국(OSS)에서는 부서에 배치하기 위해서 지원자들을 평가하기 위한 사태-긴장 검사의 개발 및 사용에 관한 연구를 수행했다.

이 시기에는 전투기 조종사를 선발하고 훈련시키는 연구과제를 위해서 심리학자, 군대요원, 그리고 민간 조종사들로 위원회를 구성했다. 위원회에서는 전투기 조종사들이 점차 복잡하고 다양해지는 기계조작을 할 수 있도록 훈련시키는 일이 계획되고 실행되었다. 이를 위한 모의

[그림 2-5] 전략사무국(Office of Strategic Services ; OSS) 제2차 세계대전 기간 동안 창설된 미국 첩보기관으로 중앙정보국(CIA)의 원형이다.

장치(simulations) 개발과정에서 공학심리학자들이 가장 뛰어나게 공헌했다. 이것은 공학심리학의 발달을 예고했다. 이외에도 수많은 새로운 연구방향들이 등장했지만 과학보다는 응용에 치중하는 것들이었다. 전쟁이 진행되면서부터는 정교한 무기와 무기생산과정의 급속한 자동화가 절실히 요구되었고, 성능이 우수한 무기를 생산하는 체제를 설계하기 위해서 순수한 과학적 연구를 수행하는 실험심리학자들에게 도움을 요청하게 되었다.

이러한 활동에 의해서 공학심리학과 인간공학(Human factors)이라는 두 전문분야가 탄생하였다. 공학심리학은 제품이나 시스템 설계에서 인간의 정보처리 능력의 한계를 고려하여 최적의 수행을 하도록 연구하고 적용하는 학문이다. 인간공학은 인간-기계 시스템에서 인간이 작업관련 과제를 어떻게 수행하는가, 행동 혹은 비행동 변수가 과제 성취에 어떤 영향을 주는가를 연구하는 것으로(Meister, 1989) 사용자의 신체적 특성과 제품의 기계적 특성 간의 관계에 초점을 둔다.

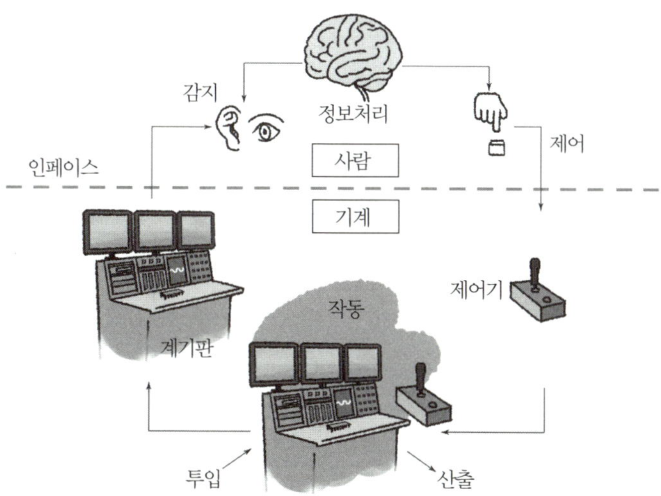

[그림 2-6] 인간-기계시스템(man-machine system)
인간-기계시스템은 인간과 인간이 조작하는 기계와 장치 등에 의하여 어떤 목적을 이루기 위해 구성되는 시스템.

전쟁 뒤, 산업심리학자들의 업적이 널리 인정되어 시민들의 생활에 활용되었다. 산업체에서는 인사검사의 사용이 크게 증가했다. 국가는 생산적인 작업집단이 필요하기 때문에 사원들의 결근을 줄이기 위해서 산업심리학자들을 끌어들였다. 산업체는 산업심리학의 많은 기법들을 다양한 영역에서 사용할 수 있다는 것을 알게 되었다. 특히 사원선발 및 배치, 훈련 및 평가, 기계설계, 그리고 사회심리학의 응용에 관심을 보였다. 전쟁 당시에 사용했던 군인들의 태도와 사기를 측정하는 새로운 기법들이 산업체에서도 활용되었다.

5) 1946년 이후의 전문화 단계

제2차 세계대전 이후부터 산업심리학은 전문적인 실무분야에서 과학의 분야로 발전하는 전환점을 맞았다. 대부분의 대학에서는 산업심리학을 심리학과의 교과과정에 포함시키고 석사 및 박사학위과정을 개설하였다. 1940년대 중반 이후부터 1950년대 중반까지는 산업심리학이 성장하는 데 중요한 계기가 되었다.

이때부터 대학원에서 전문화된 산업심리학 교육프로그램들이 급증했다. 미국심리학회에는 산업심리분과학회가 생기고, 산업심리학자들의 수가 증가하면서 이들이 정부기관과 기업체에 채용되기 시작했다. 산업심리학의 관심분야가 세분화되고 전문화되면서 학술지들이 창간되기 시작했는데, 공학심리학은 《응용실험심리학*Applied Experimental Psychology*》과 《인간공학자료핸드북*Handbook of Human Engineering Data*》 같은 학술지의 덕분으로 독립된 전문분야로 인정받았다. 공학심리학은 1950년대에서 1960년대로 넘어가면서 크게 성장하였는데, 초기에 공학심리학의 명칭이 '응용실험심리학'이라는 데서 알 수 있듯이 실험심리학과 산업심리학이 혼합된 분야이다. 한편 인사선발, 분류, 평가, 훈련은 인사심리학(Personnel psychology)의 영역에 들어갔다.

1950년대부터 심리학자들이 조직에 대해서 관심을 보이기 시작하면서 1960년대의 산업심리학 연구에서는 조직에 대한 선호가 강해졌다. 연구자들은 조직에서 개인행동에 미치는 사회적 영향에 관심을 두었다. 산업심리학자들의 연구주제는 조직변화 또는 조직개발 등으로 보다 폭넓어졌다. 산업심리학과 조직심리학(Organizational psychology)을 구분하자는 주장이 등장한 것도 이 무렵이다. 인시심리학과 산업심리학을 기반으로 하는 고전적인 산업심리학 교과서에서 조직에 대한 강조가 더해지면서 조직을 공동으로 다루는 여러 학문들 간의 엄격하던 경계가 흐려졌다. 공학심리학은 실험심리학과 산업심리학을 혼동케 하고, 조직행동은 산업심리학, 사회심리학, 사회학을 뒤섞어 놓았다. 이처럼 학문들 간의 혼합은 복잡한 연구영역에 대한 협소하고 편협한 시도를 줄여주기 때문에 바람직하다. 오늘날은 이 분야를 '산업 및 조직심리학'으로 부른다.

쉬어갑시다!

한국 산업 및 조직심리학의 역사

한국 산업 및 조직심리학의 역사는 우리나라 심리학의 역사와 함께 해방 이전으로 거슬러 올라간다. 초대 산업심리분과학회장인 성백선 교수는 해방 전부터 현재도 많은 산업체나 국가기관 등에서 신입사원 채용검사로 사용하고 있는 UK정신검사(Uchida-Kraepelin Mental Test)를 이용하여 자료를 수집했다(성균관대학교 산업심리학과 편, 1995). 해방 이후 1953년에는 이진숙의 〈조종사의 심리학적 적성검사에 관한 연구〉가 최초의 산업심리학 논문으로 발표되었다. 1961년에는 오원철이 공군항공의학연구소에서 공군조종사 선발을 위한 적성검사를 개발했다. 한국심리학회에 산업심리분과학회가 창설된 1964년에는 이의철이 대한석탄공사에서 일반적성검사집(GATB-K)을 개발했다. 이의철은 1968년도에 노동청 직업안전위원을 역임했다. 1968년도에는 장동환, 오원철, 이창우가 최초로 한글타자기 건반배열을 위한 인간공학적 연구를 수행했고, 정한택은 전화교환원의 친절에 관한 연구, 정양은은 산업체에 종사하는 사람들의 직장경험 실태에 관한 연구를 발표했다. 이의철은 1969년에 철도청 적성검사실 자문위원으로 활동했고, 한충효는 운전자 과실 방지를 위한 연구를 했다.

1971년도에는 국내에서 최초로 성균관대학교에 산업심리학과가 설립되었고(현재의 심리학과), 이어서 호서대학교(1990), 광운대학교(1992), 대전대학교(1995, 현재의 산업광고심리학과), 선문대학교(1995, 현재 상담산업심리학과)에 산업심리학과가 개설되었다. 1999년에는 산업 및 조직심리학회에서 분리된 소비자 광고심리학회가 창설되었다.

3 산업 및 조직심리학의 내용

산업심리학의 하위분야는 인사심리학, 조직행동, 공학심리학, 조직개발, 직업 및 경력상담, 노사관계, 그리고 소비자 및 광고 심리학 등으로 세분할 수 있다.

1) 인사심리학

인사심리학(Personnel psychology)은 심리학의 중요한 기본 전제인 개인차(individual difference)가 적용되는 모든 작업측면에 관련된다. 인사심리학자들의 주된 활동은 직무분석을 통해서 특정직무의 내용은 무엇이며, 작업자가 그 직무를 수행하는 데 어떤 능력과 재능이 필요한가를 결정한다.

또한 인사심리학자는 지원자들을 평가하여 직무요건을 잘 갖춘 유능한 사원을 선발한다. 인사고과 또는 직무수행 평가를 통해서 사원들의 근무성적을 차별화하며, 사원들의 직무수행을 향상시키도록 인사훈련을 계획하고 실시한다. 인사심리학은 개인차 접근법을 이용하여 실무문제를 해결하는 응용의 성격을 지니며 산업심리학에서도 가장 오래되고 전통적인 분야이다.

2) 조직행동

사원들은 조직이라는 상황 안에서 작업하며, 조직은 소속되어 있는 개인들의 태도와 행동에 영향을 미친다. 조직행동(Organizational behavior) 연구자들의 관심사는 역할과 관련된 행동, 개인에게 가해지는 집단압력, 개인이 느끼는 조직에 대한 몰입, 리더십, 집단 간 협동 및 갈등, 그리고 조직 내에서 이루어지는 의사소통의 양상 등이다.

조직은 사회적 집합체이기 때문에 조직행동 연구에 대한 강한 사회적 요구와 압력이 있다. 인사심리학이 누구를 고용하고 누구를 고용하지 않을 것인가를 결정하는 것처럼 개인수준의 문제에 관련됐다면, 조직행동은 사회와 집단의 영향에 관련된 주제를 다룬다.

3) 공학심리학

공학심리학(Engineering psychology)은 실험심리학과 밀접한 관련이 있다. 실제로 이 분야는 공학과 심리학의 합작품이다. 공학심리학자들은 작업자들이 최고의 기능을 발휘하도록 기계와 도구, 시설, 직무내용, 작업방식 및 과정, 그리고 물리적 작업환경을 작업자의 신체 및 심리적 특성에 맞추어 설계한다. 이는 생산성이나 안전을 증진시키기 위해서 설비와 기계를 설계하는 일을 포함해서 작업행동을 '인간-기계 시스템'으로 이해하려는 시도이다. 대부분의 도구, 시설, 기계들은 그것을 조작하는 인간행동 원리에 맞추어서 설계된다.

그러나 작업자들의 근육강도, 물리적 자극에 대한 감각 및 반응시간, 감각이나 반응들 간의 협응, 감각의 민감성은 한계를 갖고 있다. 기계가 인간의 한계를 넘어서는 능력을 요구한다면 기계의 혜택을 충분히 누리지 못할 것이다. 개인용 컴퓨터의 표준화된 자판을 포함해서

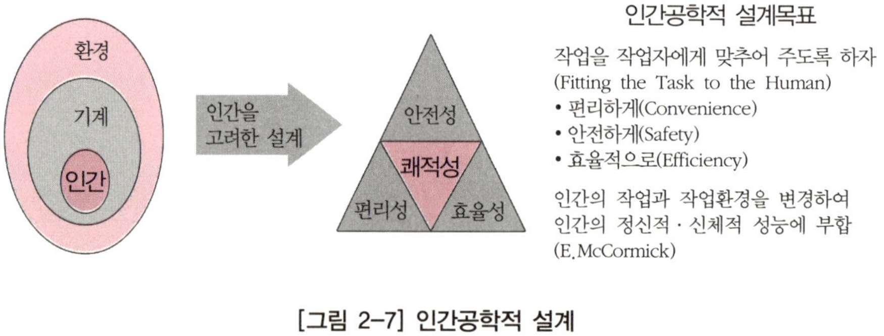

[그림 2-7] 인간공학적 설계

우리가 늘 사용하는 각종 기계에서도 인간공학적으로 볼 때 개선할 것들이 많다.

공학심리학이 처음 그 모습을 드러냈던 제2차 세계대전 이후로 인간 요인을 고려한 공학적 결정이 점차 일반화되고 있다. 인간의 기술과 재능의 범위 내에서 작업환경을 적합하게 바꾸려고 노력하는 이러한 전문분야에는 응용과 과학의 두 측면이 함께 존재한다. 즉 공학심리학은 과학의 측면을 나타내고 인간공학은 응용의 측면을 강조한다.

4) 조직개발

조직개발(Organizational development) 분야의 심리학자들은 더 효율적으로 운영하기 위해서 조직을 변화시키는 일에 관여한다. 이런 산업 및 조직심리학자들은 조직이 당면한 문제를 진단하여 처방을 내리고, 변화를 위한 자문을 하거나 직접 조직변화를 실행하며, 변화의 효과를 평가한다. 조직개발은 조직이 당면한 특정한 문제를 해결하기 위한 계획적이고 정교한 변화를 포함한다.

오늘날 환경은 급변하고 있고, 이에 적응하는 조직만이 생존할 수 있는 형편이다. 조직변화의 대상은 개인, 작업과정, 조직구조 또는 생산기술에 이르기까지 광범위하다. 하지만 산업심리학에서 조직개발은 비교적 새로운 분야로 아직 체계가 덜 갖추어져 있다. 산업심리학자들은 조직개발을 통해서 조직이 당면한 문제를 해결하거나 변화하는 환경에 적응할 수 있는 기회를 마련해준다.

5) 직업 및 경력상담

직업 및 경력상담(Occupational and Career counseling) 분야는 상담심리학과 산업심리학의 협력분야로, 작업장에서 발생하는 개인문제를 진단하고 해결하는 데 도움을 주는 전문적인 심리 상담을 적용한다. 경력상담가는 개인이 스스로 보상을 받고 만족할 수 있는 경력과정을 선택하도록 하고, 일과 개인적인 흥미 사이에서 발생하는 갈등을 해소하게 하며, 변화하는 경력에 따른 흥미를 조정하여 적응하게 하고, 장차 퇴직에 대비하도록 돕는다.

직업상담은 노동시장에서 인력을 모집하고 적절한 일자리를 소개 또는 파견하는 업무를 수행한다. 상담의 기본원리와 기법을 바탕으로 노동시장 정보제공, 구인 및 구직상담, 진학상담 등 직업 및 취업과 관련된 전반적인 정보를 수집하고 분석하고 가공하여 제공한다.

산업상담은 사원이 가정 및 직장과 사회생활에서 적응하도록 심리적 지원을 하는 것이다. 이것은 직장의 생산성뿐만 아니라 사원의 개인적 만족, 심리적 안녕과 건강을 통해서 성숙한 직장인으로서의 행복한 삶을 영위하도록 하는 데 목적이 있다. 사원 상담의 내용은 사원의 건강과 행복증진, 대인관계, 생산성 향상, 재해사고 예방, 승진, 이직, 퇴직 후 생활 설계 등의 경력 관리, 직장 내 비행이나 범죄 방지, 회사와의 신뢰 형성과 회복 등 다양하다. 산업심리학자들은 학교나 연구소 등에서 이런 문제들에 대한 과학적인 기초연구를 하기도 하고, 산업체나 전문기관 또는 조직체에서 산업상담가로 고용되어 활동하기도 한다.

6) 노사관계

노사관계(Industrial relations)란 노동시장에서 노동력을 제공하여 임금을 지급받는 노동자와 노동력 수요자로서의 사용자가 형성하는 관계이다.

산업심리학자들은 사용자(employer)와 피고용자(employee), 일반적으로는 경영자와 노조 간의 문제를 다룬다. 산업심리학자들은 일과 관련해서 노사 양측의 협동과 갈등, 작업집단 내의 쟁의, 여러 작업집단들 사이의 흥정 및 동맹 등의 주제들을 다룬다. 이 분야의 심리학자들은 노동관계 전문가들과 긴밀한 협조를 해야 한다. 그러므로 심리학자들은 실무를 위해서 피고용권, 단체교섭권, 그리고 쟁의조정에 대한 노동법 등을 잘 아는 법 전문가들과 접촉한다. 다른 분야의 산업심리학자들과는 달리 노사관계 분야의 활동은 법률적인 문제와 관련되어 있고 법의 제약을 직접 받기 때문에 이 분야의 심리학자들은 관련법들에 대한 지식도 겸비해야 한다.

7) 소비자 및 광고심리학

소비자 및 광고심리학(Consumer and Advertising psychology)은 소비자로서의 개인이 지닌 일반적인 행동특성을 다루고 있다. 그러므로 소비자심리학이란 소비자가 자신의 욕구를 충족시킬 것으로 기대하는 제품과 서비스를 구매하고 사용 후 처분하고 평가하는 과정에서 나타나는 구매행동을 연구하는 한 분야이다(양윤, 2008). 광고심리학은 소비자로서 개인의 구매행동뿐만 아니라 이것과 관련된 의사결정 과정에 영향을 미치는 요인들, 소비자의 태도인 상표에 대한 충성, 구매행동에 영향을 미치기 위한 광고의 제작 및 광고효과 측정, 상품 포장을 위한 설계까지도 다룬다. 광고 또는 시장조사에 심리학의 원리를 응용하는 이 분야는 최근에서야 과학적 연구의 가능성에 대해 인정받기는 했지만, 실제로는 산업심리학의 역사에서 이미 언급한 대로 가장 오래된 관심분야 중 하나이다.

1950년대 시장에서 수요에 비해 공급이 과잉된 역전현상이 일어남으로써 소비자에 대한 관심으로 마케팅 개념(marketing concept)이 도입되었다. 그래서 소비자들의 욕구를 이해하고 만족시킬 수 있는 제품과 서비스를 제공하지 않으면 기업의 생존이 위협을 받게 되었다. 이에 마케팅 전략 개발을 위한 소비자 행동연구가 활성화되기 시작했고, 그 결과로 소비자 행동(consumer behavior)이라는 새로운 학제간 학문분야가 탄생했다. 국내에서는 오랫동안 산업 및 조직심리학 분야의 하나로 취급되다가 1999년 소비자광고심리학회가 창설되어 심리학의 한 분야로 독립하게 되었다.

[그림 2-8] 유머 광고

소비자들의 뇌리에 각인시키는 유머 광고이다. 광고란 광고주가 정보전달 매체를 이용하여 상품이나 서비스를 소비자에게 소개하거나 판매를 촉진하는 활동이다.

※ 출처 : 더페이스샵, 카스라이트, BBQ

제3장

일에 대한 가치관의 발전

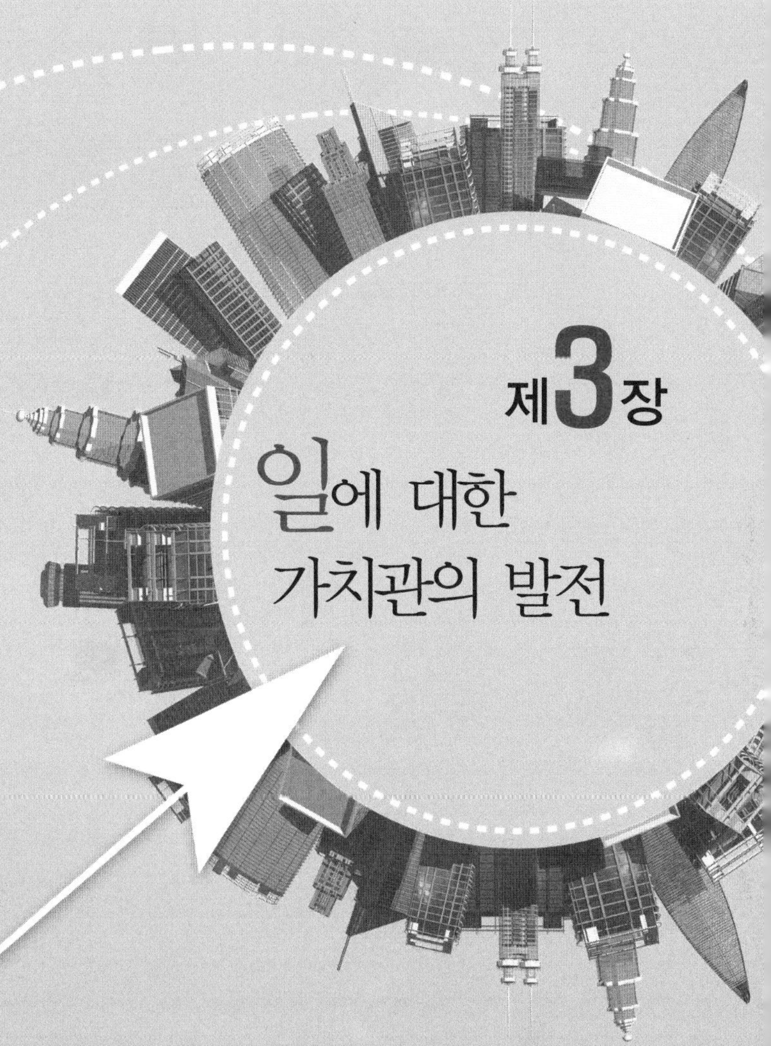

산업 및 조직심리학자들은 작업장에서 이루어지는 작업행동을 대상으로 연구하고 활동한다. 일에 대한 작업자 개인과 관리자들의 가치관, 일반화된 일에 대한 가치는 모두 작업행동의 중요한 결정요인이다. 일에 대한 가치는 시대와 장소에 따라서 다양하고, 일에 대한 개인의 가치는 대부분 어느 특정한 가치관에 한정되어 있지 않다.

이 장에서는 인간노동의 역사에서 큰 전환점이 된 산업혁명을 중심으로 구분하여 각 시대와 사회의 대표적인 일에 대한 가치관을 요약해서 정리하고, 추구해야 할 건전하고 바람직한 방향을 제시하고자 한다.

인간노동의 역사 흐름을 크게 구분해주는 혁명적 사건은 18세기의 산업혁명(Industrial revolution)과 20세기 후반의 정보혁명(Informational revolution)이다. 산업혁명 이전에 인류는 변화의 속도가 매우 느리고 비교적 안정된 삶을 살아왔고, 노동은 육체노동을 통한 자급자족의 형태로 이어져 내려왔다. 그러나 18세기 무렵 영국에서 시작된 산업혁명은 육체노동 대신에 기계적 동력으로 생산하고, 노동을 상품화하며 자본집중과 기술발달로 삶의 형태를 크게 바꾸어놓았다. 한편 20세기 후반부터 시작된 정보혁명은 지금까지와는 다른 양상으로 매우 급속하게 우리의 삶을 바꾸어놓았다.

이처럼 노동환경의 변화는 인간의 노동뿐 아니라 전체적인 삶의 양식과 일에 대한 가치관까지 바꾸어놓았다. 인간행동은 환경뿐만 아니라 개인의 가치관, 태도, 욕구, 성격, 능력 같은 심리학적 변수들과의 상호작용을 통해서 결정된다. 따라서 인류의 시공간에 따른 노동환경의 변화는 일에 대한 가치관의 변화를 수반하고, 이러한 노동가치는 작업장에서 개인의 작업행동에 영향을 미칠 것이다.

1 산업혁명 이전의 노동관

산업심리학은 작업장에서의 생산성 및 개인의 적응에 대한 관심을 지니는 분야이다. 산업심리학자들은 일에 대한 가치, 태도, 의미에 따라서 영향을 받는 구체적인 작업행동들을 연구 및 활동 주제로 삼는다. 산업혁명 이전까지는 일에 대한 대표적인 전통적 가치관을 다음의 네 시기로 구분하여 요약할 수 있다.

1) 고대 이스라엘

고대 이스라엘 사람들의 가치관은 그들의 경전인 《구약성서》에서 찾아볼 수 있다. 이스라엘 사람들은 최초의 인간인 아담과 이브가 신과의 약속을 어긴 죄(원죄, original sin)로 에덴에서 추방당함으로써 인간이 일을 하게 되었다고 믿는다. 죄의 대가로 인간은 땀을 흘리며 땅을 파는 육체노동을 하여 그 소산물로 살게 되었다. 결국 이스라엘 사람들에게 일이란 자신의 죗값을 치르는 행위다. 그렇기 때문에 일이란 인간 죄악의 결과이며 죄의 대가인 노동은 힘들고 고통스러운 짐이다. 그러므로 육체노동은 죄의 대가로 받은 처벌이며 저주이므로 수치스러운 것이다.

[그림 3-1] 에덴에서의 추방과 저주
'네가 흙으로 돌아갈 때까지 얼굴에 땀이 흘러야 먹을 것을 먹으리니(창세기 3:19)'

2) 고대 그리스

고대 그리스의 도시국가인 스파르타와 아테네는 노예제 사회였다. 자유시민들은 조화로운 인격의 완성을 위해서 철학을 추구하며, 민주적인 의사결정 과정에는 자유시민들만 참여했다. 고대국가의 생산활동은 노예나 전쟁포로에 의해서 이루어졌다. 노예들은 주로 전쟁포로, 약탈과 유괴를 통하여 예속화의 과정을 거쳤다. 갖가지 노동에 종사했던 고대 그리스의 노예는 개인의 '재산'으로 분류되고, 노예는 주인에게 노동력을 제공할 의무가 있었다. 고대 그리스 사회에서 대부분의 노동은 노예들의 몫이었다. 국가의 번영을 위해서는 노예가 필요했고, 도시국가들 간에는 노예 확보를 위한 전쟁이 그치지 않았다. 이처럼 고대 그리스인들은 노동이란 비천한 신분의 노예나 전쟁포로들이 하는 천한 것이라고 보았다.

3) 중세 기독교와 종교개혁

로마인들은 유일신을 숭배하며 미풍양속을 저해한다고 생각하여 초기 기독교인들을 박해했다. 그러나 로마제국의 콘스탄티누스 황제는 서기 313년에 밀라노 칙령을 통해 기독교를 장려했다. 기독교에서 노동이란 신을 기쁘게 하는 봉사이며, 물질적 부는 신의 축복을 의미했다. 콘스탄티누스 황제(274~337)는 기독교를 공인하며 이념적으로나 정치적으로 '새로운 로마'를 세웠으며, 그 영향은 로마가 사라진 이후에도 서양문명에 큰 영향을 미쳤다.

기독교 사회에서는 노동을 종교목적을 위한 수단적 활동으로 보았다. 초대 기독교인들은 이웃사랑의 표현으로서 노동을 했다. 수도사들의 행동에 대해서 베네딕트(Benedict)는 육체적이든 정신적이든 노동은 종교적 의무라고 하였다. 그러므로 신의 피조물로서 인간의 의무는 신성한 노동에 최선을 다하는 것이다.

종교개혁자들에게 노동이란 신이 각 개인에게 내린 사명 또는 소명이기 때문에 직업(천직)에는 귀천이 있을 수 없으며 부자나 가난한 자나 구분 없이 신 앞에서 평등하다고 보았다. 장 칼뱅(Jean Calvin)은 신이 인간에게 노동을 줌으로써 불안정한 인간의 본성을 질서 있는 생활방식으로 통제하기 때문에 노동은 신의 은혜이자 축복이라고 했다.

종교개혁 이후 기독교는 노동에 대한 더욱 다양한 의미를 부여했다. 종교개혁은 노동이 고귀한 것이라는 생각을 촉진하는 강력한 힘을 발휘하였다. '95개 반박문'을 발표하여 종교개혁의 불씨를 당긴 종교개혁자 마틴 루터(Martin Luther)에 따르면, 각자의 직업에서 완전하게 노동을 수행하는 것은 신에게 봉사하는 최선의 길이다. 프랑스의 종교개혁자인 칼뱅도 노동만이 인간의 악마적 성향을 억제할 수 있다고 주장했다. 그는 1536년 《기독교 강요》에서 근면, 검소, 절약을 원칙으로 하는 기독교 직업윤리를 완성했다. 재물은 금욕주의자들처럼 무시하거나 거부해서는 안 되고 다른 사람을 봉사하는 네 사용해야 한다고 주장했다. 사회학자 막스 베버(Max Weber)의 가설처럼 기독교의 직업윤리는 근대 서구 산업사회 경제발전의 원동력이 되었다. 즉 기독교적 직업윤리가 정착되어 있는 북유럽의 선진 산업사회는 근면, 검소, 절약을 미덕으로 노동함으로써 경제적으로 부유한 사회를 건설했다.

4) 문예부흥기 이탈리아

14세기부터 16세기에 이르러 이탈리아를 중심으로 일어난 르네상스(Renaissance)는 중세의 봉건제도와 교회에 반항하여 현실적 인간생활을 전면적으로 긍정하고 인간 개성을 자유롭게 발휘하려는 문화운동이다.

이 시기 유럽은 중세에서 탈피하여 근대로 가는 시기이며 봉건제가 붕괴되고 자본주의가 출현하는 과도기였다. 르네상스 시기의 인간관은 인본주의(humanism)를 바탕으로 인간에 대한 긍정과 자기 존중으로 나타난다. 이는 중세의 신(神) 중심 사상에 대해서 인간 중심의 새로운 사상이 등장함을 의미한다. 이 시대의 인간상(人間像)은 고대 그리스의 교양인을 이상으로 한다. 인간은 그 자체로 아름답고 인간의 욕망은 자연스러운 것으로 보았다.

문예부흥기 이탈리아인들은 노동이란 인간의 자연스럽고도 창조적 활동이기 때문에 좋은 것으로 보았다. 르네상스의 사상가들이나 레오나르도 다빈치(Leonardo da Vinci) 등의 예술가들에 의하면, 노동이란 인간이 자연을 정복하고 동물적 위치에서 천사에게로 접근할 수 있는 길이다. 그러므로 노동이란 개성을 자유롭게 표출하는 창조적 활동 그 자체로서 가치가 있다. 문예부흥기 이탈리아인들은 모든 창조적인 예술 활동은 궁극적으로는 아름다움을 추구하며, 삶을 통해서 자신을 표현하는 자연스럽고 창조적인 활동인 노동은 아름다움 그 자체로 보았다.

2 산업혁명 이후 산업화 시기의 노동관

산업혁명은 1760~1840년경에 이르는 약 1세기 동안에 소규모 수공업적 생산으로부터 공장제 기계공업의 대량생산으로 전환된 변혁이다. 영국에서 시작하여 점차 유럽 및 북미 각국으로 번져 나갔다.

영국은 일찍이 모직물 공업을 중심으로 근대적 산업이 발전하고 광대한 식민지를 상대로 해외 무역이 활발하여 많은 자본을 축적하였다. 풍부한 노동력과 석탄, 철 등 지하자원이 풍부하고, 명예혁명 이후 정치적으로도 안정되고 경제활동의 자유가 보장되어 가장 먼저 산업혁명이 시작되었다.

이러한 산업혁명으로 인해 육체노동은 종교적인 신성한 의미를 상실했다. 방적기, 방직기, 증기기관 등 기계의 발달로 노동은 점차 인간의 정체성에 중요한 위기를 던져주었다. 인간은 공장에서 기계의 일부분처럼 노동하고 그 대가로 임금을 받는 품팔이로 전락하였다. 현대 산업사회에서 기계와 생산기술의 자동화는 인간의 노동을 상품화했고, 인간을 기계의 부속품으로 전락킴으로써 비인간화하며 결국 노동으로부터 인간을 소외시켰다.

그러므로 네프(Neff, 1968)는 "기술발전이 한때 가치가 있다고 보았던 힘든 육체노동을 인간으로부터 빼앗아 갔다."고 주장한다. 또한 "빠른 속도의 산업화는…… 노동에 대한 평가에 큰 변화를 가져왔다. 아직은 게으른 것보다는 일하는 것을 더 가치 있다고 생각하지만, 매우 정교한 직업의 위계에 따라서 사람들을 평가한다…… 즉, 어떤 직업이 다른 직업보다 '더 나은' 것으로 평가된다(Neff, 1968; Saal and Knight, 1988에서 재인용)."고 말했다.

미국의 세계적 경제학자이자 문명비평가인 제레미 리프킨은 저서 《노동의 종말*The End of Work*》에서 “노동의 주도권을 기계에게 내어주고 노동을 상품으로 팔아서 생계를 유지하는 노동자들은 더 이상 일에서 의미를 찾을 수 없게 되었다. 노동은 단지 생계유지를 위한 수단으로 전락했다.”며 현대인의 노동의 미래를 예언했다.

▸ 제레미 리프킨(Jeremy Rifkin, 1945~현재)

3 노동에 대한 새로운 가치관 정립

최근 들어 우리 사회에서도 흔히 사용하는 '삶의 질 향상'이라는 말의 원조인 '직장생활의 질 향상(Quality of Working Life, QWL)'이라는 용어는 1960년대 말 미국의 데이비스(L.E. Davis)가 처음 사용했고, 1972년 국제 노사관계 회의에서 공식적으로 사용되었다(Hian and Einstein, 1990). 1973년에는 국제 QWL 위원회가 발족되어 그 관심이 국제적으로 높아졌다. QWL은 회사가 사원들로 하여금 직장에서 자신들의 삶과 관련된 다양한 의사결정에 충분히 참여하도록 허용하여 그들의 욕구에 부응하는 과정이다(Robbins, 1989).

QWL은 근로자의 삶을 개선하는 것은 물론이고 국가산업 전반의 성장을 가져오는 새로운 산업단지 모델이다. 국내에는 2010년 10월 현재 반월, 시화, 남동, 구미, 익산 등 네 군데 산업단지가 시범지로 선정되어 있고 성과 여부에 따라서 확대될 예정이다.

QWL의 대상은 매우 광범위하지만 그 목표는 노동의 인간화(humanization)에 있다. 노동자가 지금보다 더 인간다운 직장생활을 하도록 직무를 재설계하는 것이다. 이를 실현하기 위해서 노동자가 직장 내에서 이루어지는 다양한 의사결정에 참여하는 것이 기본요건이다.

인본주의 심리학자인 에이브러햄 매슬로우와 같은 산업 인본주의자들은 직장이란 평생을 통해서 개인이 자기의 잠재력을 발견하고 계발하여 자신이 추구하는 인생의 최고 목표를 완성하는 자기실현의 장이라고 간주한다. 산업 민주주의는 직장에서 모든 의사결정 과정이 개인이 참여하는 민주적인 방법으로 이루어져야 할 것이다.

산업화 이후 개인들은 타율적이고 일방적이고 단순 반복되며 지루하고 의미 없는 노동을 지속해왔다. 스웨덴의 볼보자동차는 이를 극복하여 인간다운 삶을 회복하고 일을 통해서 작업자들이 삶의 의미를 찾도록 작업 내용을 다양하고 자율적이며 책임을 느끼고 의미를 경험하도록 재설계하기 시작했다.

직무 재설계 방안에는 두 유형이 있다. 작업을 단순히 양적으로만 변화시키는 직무확대(job enlargement)와 직무내용을 질적으로 변화시키는 직무확충(job enrichment)이 있다. 그리고 작업과 관련된 의사결정과정에 작업자들이 영향을 미치도록 허용하는 참여적 관리법을 통해서 직장생활의 질을 향상시키기 위한 운동이 전개되었다.

직무확대란 직무내용의 단순화와 정형화에 따른 단조로움을 완화하기 위해서 개인의 직무내용을 여러 가지 활동으로 구성하는 것으로 '수평적 확대'라고도 한다. 전통적인 전문화 원리에서는 표준화 및 기능화를 추진하는 것이 생산성 향상에 직결된다고 보았기 때문에 그 결과 비인간화와 소외를 초래했다. 그래서 직무확대는 이 점을 수정하여 개선한 것이다. 반면 직무확충이란 단순히 신체적 활동 내용을 다양화할 뿐만 아니라 여기에 자율적 의사결정을 곁들인 것으로 '수직적 확대'라고도 한다. 이는 인간이 지닌 문제해결 능력을 활용하여 인간성을 회복하고 참여의 원리를 활용하는 것이다.

QWL운동 초기에 스웨덴의 볼보자동차 조립라인 공장에서는 직무 재설계를 통해 성공을 거두었다. 단순 반복되는 자동차 조립라인에서 무의미하고 책임을 느끼지 못하는 작업과정을 질적으로 변화시킴으로써 불량률을 획기적으로 감소시킨 직무 재설계 방안의 하나가 라인 정지 시스템(line-stop system)이다. 이 시스템은 라인에서 조립하는 작업자가 이상을 발견하면 즉시 라인이나 기계를 정지시킴으로써 불량발생을 방지하는 작업방식이다. 그러나 라인이 정지하면 동일 라인의 모든 과정이 정지되므로 작업과정에 큰 지장을 초래할 수 있다. 이제까지 개인적 책임 없이 무의미하게 단순 반복된 작업을 하던 작업자가 불량발생 방지를 위해서 라인 전체에 미치는 부담을 책임지고 라인을 정지

할 것인가를 결정해야 한다. 라인 정지 시스템 도입 이후 불량률은 줄어들고 생산성은 더 이상 저하되지 않았다. 작업자들은 작업과정에서 스스로 결정하고 책임감을 느끼면서 의미 있는 일을 할 수 있었다. 일본 도요타 자동차 생산라인에서도 라인 정지 시스템을 이용하여 그 라인이 결코 정지되지 않는 결과를 얻었다. 이러한 예는 품질 불량이 쌓이면 결국 회사의 전반적인 발전을 저해할 수 있기 때문에 지속적으로 높은 생산성 유지를 원한다면 품질 문제가 발생하자마자 바로 그것을 제거해야 한다는 것을 시사한다.

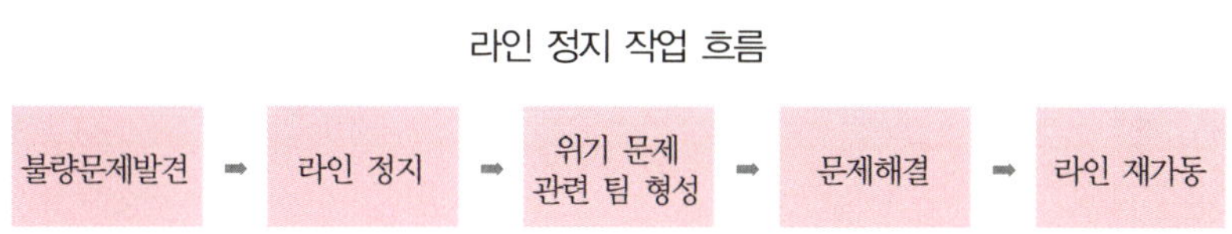

[그림 3-2] 라인 정지 시스템

4 노동의 의미와 기능

1) 노동의 의미

일(work)이란 무엇일까? 개인에게 일이란 어떤 의미가 있을까? 국어사전에서는 일(육체 · 정신의 활동)은 '무엇을 이루거나 적절한 대가를 받기 위하여 어떤 장소에서 일정한 시간 동안 몸을 움직이거나 머리를 쓰는 활동. 또는 그 활동의 대상'이라고 정의한다. 일의 어원을 통해서 그 의미를 짐작할 수 있는데, work의 그리스 및 라틴어 어원인 'poena'는 '슬픔(sorrow)'을 뜻한다. 일을 하는 것이 고통이나 고난을 의미했음을 알 수 있다. 노동(labor)의 어원 역시 라틴어의 'labare(to totter, 비틀거리다)'와 'labi(to slip, 미끌어지다)'에서 유래했다. 노동이란 말의 또 다른 어원의 뜻은 속박과 고문이다. 프랑스어 'travail'의 어원은 라틴어 'tri-pilium(3개의 말뚝)'이다. 이것은 소나 말에게 편자를 박을 때 묶어 놓는 말뚝을 의미하며 이는 속박한다는 의미를 갖는다. 어의적으로 볼 때 전체적으로 일(노동)이란 고통을 의미한다.

2) 일과 놀이

같은 활동도 어떤 사람에게는 노동이고, 또 다른 사람에게는 놀이고 취미활동이 될 수 있다. 노동과 놀이의 차이는 무엇일까? 노동은 수단과 목적이 분리되어 있지만 놀이는 수단과 목적이 결합되어 있다. 이를 증명하는 사회심리학적 실험이 있다.

레퍼, 그린과 니스벳(Lepper, Greene & Nisbett, 1973)은 유치원 어린이들을 대상으로 놀이가 어떻게 일이 되는지 설명할 수 있는 실험을 했다. 이 실험은 원래 재미있는 놀이에 상이나 금전적 보상 등의 외적 보상을 받으면 재미없는 놀이로 변하게 되는 과정을 알아내기 위한 내적 동기(intrinsic motivation)에 관련된 실험이다. 유치원 놀이방에서 매직펜으로 재미있게 그림 그리기를 하던 어린이들을 세 집단으로 나누어, 집단 1에게는 자유롭게 재미있는 그림 그리기를 하고 나면 그 대가로 자기 이름을 써 넣은 리본이 달린 금박 메달을 주기로 약속했다. 그림을 다 그리면 약속대로 보상을 받았다. 집단 2에게는 사전에 그런 보상 약속을 하지 않은 채 그림 그리기를 하고 난 다음에 집단 1과 동일한 메달에 이름을 써주었다.

집단 3에게는 사전에 보상에 대한 약속도 없었고 그림 그리고 난 후에도 평소와 다름없이 아무런 보상이 없었다. 그로부터 1~2주일이 지난 후 유치원에 다시 들러서 어린이들에게 자유놀이 시간을 주고 여러 가지 놀이 중에서 자발적으로 그림 그리기를 하는 데 소요한 시간을 측정해서 그림 그리기에 대한 흥미를 측정했다.

그 결과 집단 2와 집단 3에 비해 그림 그린 대가로 보상을 받은 집단 1의 어린이들이 자유놀이 시간에 그림 그리는 시간이 가장 짧았다. 원래 재미있는 놀이(play)였던 그림 그리기가 보상을 받음으로써 그 이후로 자발적으로 재미있게 하는 놀이가 아니라 보상을 얻기 위한 도구적 활동, 즉 일(work)이 된 것이다. 특히 집단 2는 그림을 그린 뒤 집단 1과 동일한 메달을 받았지만 그것은 그림 그리기 활동과 연계되지 않아서 그림 그리기 놀이를 일로 바꾸어놓지 않았다. 정리하면 일(노동)은 수단과 목적이 분리돼 있어서 목적을 얻기 위한 수단적 활동이지만 놀이는 수단과 목적이 구분 없이 그 자체가 목적이 되는 활동이다.

왜 일을 하는가? 일의 중요성은 무엇일까? 미국의 심리학자 해리 오버스트리트(Harry Overstreet)는 일생을 통해서 개인에게 필요한 것이 세 가지가 있다고 했다. 첫째는 할 일이고, 둘째는 희망이며, 마지막은 사랑을 주고받을 사람이다. 그렇다면 일을 통해 이 세 가지 영역에서 만족을 얻을 수 있을까? 미국의 심리학자 머레이 뱅크스(Murray Banks)는 인간은 네 가지 기본 욕구를 지니고 있다고 믿었다. 첫째 생존과 건강, 둘째 자신이 중요하다는 느낌, 셋째 사랑받는 것, 넷째 약간의 변화이다.

자신이 할 일, 바라는 것, 누군가를 사랑하는 것 등이 직업을 선택할 때 자신의 능력과 흥미를 정확하게 평가할 수 있고 이것을 잘 조화시킬 수 있을까? 직업은 뱅크스가 말하는 네 가지 기본 욕구들을 충족시킬 수 있을까? 자신의 중요성을 느끼고 타인들로부터 받아들여지고, 다양성과 자극을 즐길 수 있는 직업이 있을까? 스스로를 이해하기 위해서 속을 뒤집어서 볼 필요는 없다. 어떤 사람들은 안정된 직업과 어느 정도의 수입만을 원한다. 그러나 잠시만 생각하면 개인의 인생을 통해서 가장 중요하게 영향을 미치는 것은 직업이라는 사실을 알게 될 것이다.

인생에서 개인에게 일이 왜 필요하고 왜 중요한가? 일 또는 직업은 단순한 생계수단만은 아니다. 노동은 개인의 평생을 통해서 자신뿐만 아니라 가족, 직장동료, 이웃들과의 관계를 설정하고 지속적으로 개인생활에 영향을 미친다. 노동이 개인생활에 미치는 영향을 고려하면서 그 기능을 다음과 같이 요약할 수 있다.

(1) 경제적 기능

개인은 직장에 노동을 제공하고 그 대가로 금전적 보상을 받는다. 금전적 보상은 그것으로 개인이 원하는 다른 많은 것들을 얻을 수 있는 수단적 의미를 갖는다. 개인의 금전적 수입은 자신과 가족생활의 경제수준을 결정하며, 경제적 수입수준에 따라서 자신과 가족의 의식주 및 생활양식(life-style)이 달라진다.

가족의 경제수준에 따라서 주거지역이나 주거형태, 가족들이 함께 지내는 이웃들, 그리고 자녀들의 교육환경이 결정된다. 그러므로 노동이나 직업의 경제적 기능은 자신과 가족의 생활양식의 결정적 요인으로서 의미를 갖는다.

(2) 사회적 기능

사람들은 기본적으로 다른 사람들과 함께 잘 지내고자 하는 사회적 욕구를 갖고 있다. 일하는 직장에 의해서 함께 생활할 직장동료가 정해지고 이들을 통해서 친밀한 사회적 관계를 유지하고, 개인의 사회적 욕구를 충족시킬 수 있다.

개인은 어찌면 가족보다 직장동료들과 더 많은 시간을 함께 보낸다. 직장인의 하루를 상상해보면 아침 9시부터 오후 5시까지 직장에서 동료들과 함께 시간을 보낸다. 그뿐 아니라 퇴근 후에도 회식 등의 시간이 자주 있다. 식구들과 함께 보내는 시간은 퇴근 후 7시 이후부터 잠들기까지 서너 시간뿐이다. 이렇게 하루 24시간 중 잠자는 시간 8시간, 직장동료들과 함께 보내는 시간 8시간 이상, 출퇴근 시간 2시간 등을 제외하면 실제 식구들과 함께 지내는 시간은 상대적으로 매우 적다. 이런 점에서 직장동료들은 개인의 일상생활에 큰 영향을 미치는 중요한 인물들이다. 어떤 사람들이 직장동료가 되느냐에 따라서 개인의 직장생활 및 더 나아가서는 개인생활의 질이 결정되는 것이다.

직업 또는 직장은 함께 일하는 동료뿐 아니라 일하는 대상인 고객의 수준과도 관련이 있다. 거래대상이나 사업 상대의 경제적 지위와 사회적 배경에 따라서 삶의 질이 달라지기 때문이다. 그리고 직업에 귀천이 없다고는 하지만 직업이나 직장이 사회에 기여하는 정도에 따라서 개인의 사회적 지위(social status)가 평가된다. 직업에 따른 자신의 사회적 지위 및 거래대상 및 고객들은 개인의 사회적 네트워크(social network)를 형성하는 데 결정적이다.

(3) 자기개념의 결정

직업이나 경력은 그 사람이 어떤 인물인가를 확인하는 기준이 된다. 자신을 소개할 때 사용하는 명함 또는 신분증에서 자신의 직업이나 경력으로 자신을 나타낸다.

발달심리학자 에릭 에릭슨(Erik H. Erickson)은 청년기 동안에 개인은 자신이 누구이며 무엇을 해야 하는가를 결정하는 정체감(identity) 형성 과정을 통해서 직업이나 직장을 결정한다고 한다. 자기정체감은 곧 자신의 경력정체감(career-identify)이다. 직업에 의해서 자신이 누구인지를 결정하고, 직업의 사회적 위치에 따라서 개인의 자존심(self-esteem)도 결정된다. 따라서 직업을 선택하고 결정한다는 것은 한낱 생계유지를 위한 수단을 넘어서 인생을 통해서 완성해야 할 자신을 찾아가는 과정이며 자기실현을 목적으로 하는 인생의 과정이다.

제2부

직업 및 직장 선택과 채용 선발 : 개인과 조직의 조화

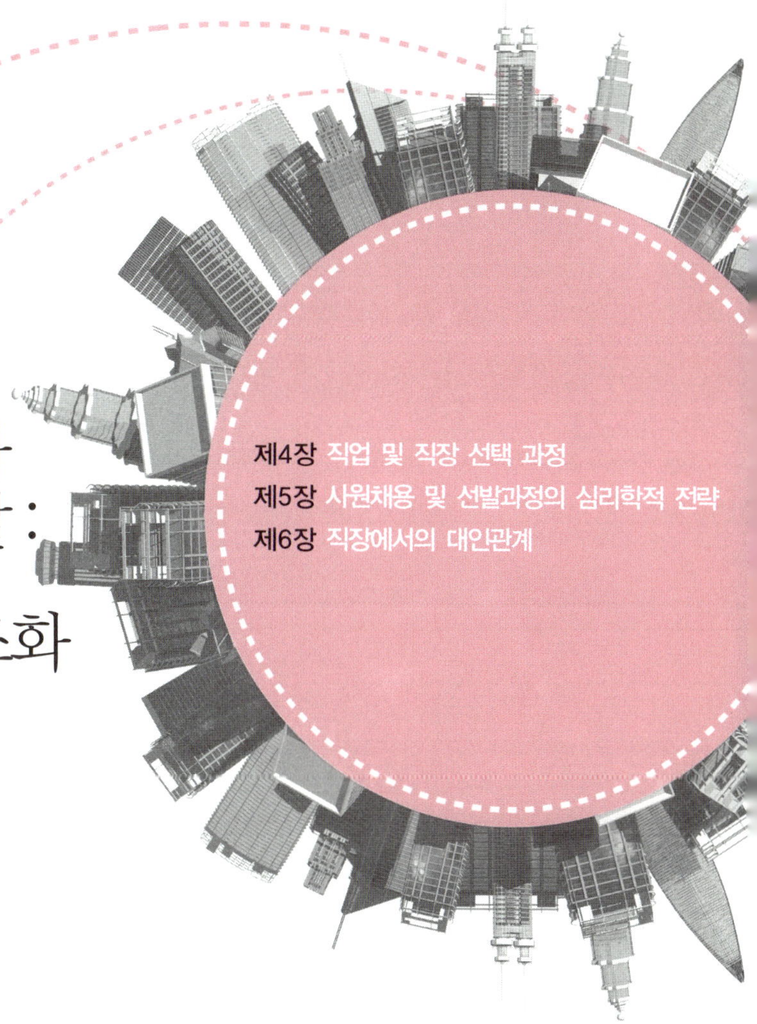

개인이 직업을 획득하거나 직장을 갖는다는 것은 일방적인 선택과 결정 과정이 아니다. 마찬가지로 기업이 신입사원을 선발하고 채용하는 과정도 일방적으로 진행되는 것이 아니다. 취업을 위해서 개인은 끊임없이 직업과 직장의 세계에 대해서 탐색하고 준비하면서 상대방이 원하는 모습으로 자신을 다듬어 가야 한다. 또한 기업들도 취업 지원자들이 원하는 모습으로 조직을 개발하고 준비해야 한다. 개인은 조직이 원하는 자질과 역량을 키워서 역할을 잘 감당하여 조직에 기여해야만 개인적으로 원하는 것을 얻을 수 있다. 게다가 조직은 사원들이 원하는 것을 충족시킬 수 있어야만 개인들로부터 조직에 대한 기여를 얻어낼 수 있다. 개인과 조직은 이러한 조화(matching)를 꾀하기 위해서 상대방을 탐색하고 자신을 준비한다.

그러므로 개인의 취업이나 회사의 채용과정은 어느 한쪽이 선택하거나 선발하는 일방적인 과정이 아니다. 오히려 회사와 개인이 상대방에 대해서 기대하고 매력을 느낌으로써 상호 간에 최선의 선택을 하는 과정이다. 그러므로 개인이 직장이나 직업을 선택하는 과정에서는 자신과 직장 또는 직업에 대해서 사전에 잘 알고 있어야 좋은 결정을 할 수 있다. 회사로서도 충원이 필요한 직무의 요건에 대한 직무분석과 충분한 지원자를 모집하기 위한 홍보, 그리고 지원자들의 자질을 평가하여 채용하는 선발과정을 객관적이고 과학적으로 가려야 한다. 아래의 그림은 직업 선택 과정에 대한 빅터 브룸(Victor H. Vroom)과 라이먼 포터(Lyman W. Porter)의 모형을 통합하고 수정한 모형이다.

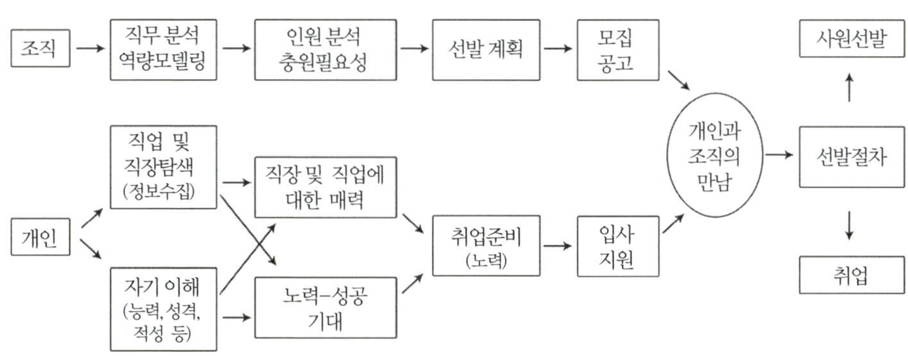

직업 및 직장 선택과 사원채용 선발과정 모형

그림의 모형은 구직자가 직업과 직장을 선택하는 개인 차원의 과정과 새로운 사원을 채용하고 선발하는 조직 차원의 과정으로 구분되어 있다. 개인은 직업이나 직장을 선택하기 위해서 자신과 직장 모두에 대해서 잘 알고 있어야 한다. 개인은 직업이나 직장의 풍토, 안정성 및 장래성 등과 같은 사전 지식과 정보를 통해서 특정한 직업이나 직장에 대한 매력을 느낀다. 따라서 일과 관련된 지식과 기술, 성격특성, 적성, 직업 흥미 등 자기를 이해하고 원하는 직업을 얻기 위해 노력하면 성공적으로 그 직업을 얻으리라는 기대를 갖게 된다. 매력을 느끼는 직장에 대한 어느 정도의 기대를 갖게 되면, 그 직업이나 직장에 입사하기 위한 구체적인 노력이 진행된다. 제4장에서는 개인 차원에서 이루어지는 이 과정을 다룬다.

어느 시점에서 조직은 직무를 수행할 사원을 충원할 계획을 세운다. 훌륭한 사원을 충원하기 위해서는 가능한 많은 지원자들을 확보해야 하므로 직장과 직무에 대한 홍보 및 모집광고를 낸다. 직장의 모집에 개인들이 지원하게 되어야 개인과 직업 및 직장의 만남이 이루어지고 상호 선택하는 과정이 진행된다. 제5장에서는 조직 차원에서 이루어지는 이 과정들을 다룬다. 이 과정에서 조직은 지원자들이 직무요건을 어느 정도로 갖추고 있는지 평가하기 위해서 다양한 심리학적인 선발 기법들을 활용할 수 있다.

인생의 3분의 1을 직장에서 보내는 개인은 가족보다 직장 동료들과 더 많은 시간을 함께 보낸다. 직장 일이란 동료와 상사, 부하, 고객의 협조 없이는 불가능하다. 그렇기 때문에 직장에서의 대인관계는 직장생활뿐만 아니라 개인의 생활 만족이나 행복의 중요한 요인이다. 제6장에서는 행복한 직장생활을 결정하는 직장 대인관계에 대한 심리학적인 기초를 알아보고, 심리학자들의 연구결과를 다룬다. 또한 직장에서의 좋은 대인관계 형성방법과 악화된 대인관계를 개선하기 위한 방안들을 논의할 것이다.

그러므로 제4장, 제5장, 제6장을 포함하는 제2부에서는 직업이나 직장을 선택하는 과정과 지원자들 가운데 자질을 갖춘 사원을 선발하는 과정에서 개인과 조직이 각각 어떤 심리학 지식을 이용하고 전략들을 사용하는지 알아본다. 또한 직장생활 내에서 좋은 인간관계를 형성하는 방법들을 살펴본다.

제4장

직업 및 직장 선택 과정

직업을 결정하는 것은 사회생활 속에서 자신의 역할을 결정하는 과정이며 개인의 인생에서 가장 중요한 선택이다. 이러한 직업 선택 과정에서 개인은 직장의 직무 요건을 자신이 잘 갖추었는지 객관적으로 평가해야 한다. 먼저 자신의 직무 관련 자질을 과학적으로 이해하기 위해서는 직무능력검사, 직업적성검사, 직업흥미검사, 성격검사 등이 있는데, 이를 이용하려는 개인은 목적과 이용 절차 등이 자신에게 알맞은 검사를 선정하고, 표준화된 절차에 따라서 검사를 실시해야 하며, 심리검사 전문가의 도움을 받아야 한다.

취업준비 과정은 구직자가 기업의 요구 조건에 자신을 맞추어 나가는 과정이므로 개인은 장차 일할 직장에 대한 사전 지식을 갖추어야 한다. 이를 위해 지원 회사의 홈페이지 탐색은 물론이고, 직접 방문해서 필요한 정보를 얻는 것도 방법이다. 그 밖에 직업상담을 통해 직업 및 직장에 대한 정보를 구한다. 믿을 만하고 타당한 정보를 얻기 위해서는 그 정보들이 일치되고 일관성 있는지 확인하는 것이 필요하다.

1 직업 및 직장 선택의 심리학적 의미

개인의 일생에서 사춘기는 신체적 · 생리적 변화에 당황하고, 어린이에서 성인으로 넘어가는 과정에서 자신의 역할에 대한 심리적 갈등을 경험한다. 에릭 에릭슨의 심리사회적 발달이론에 따르면, 10대 중반부터 20대 중반까지의 청소년기는 자신이 누구이며 장차 무엇을 할 것인지를 결정함으로써 자신의 새로운 모습을 찾아 정체성을 형성하는 시기이다. 만일 그렇지 못하면 자신의 역할을 정하지 못한 채 혼란스러운 경험을 할 것이다.

정체성을 형성하는 과정은 무의식적 과정과 의식적 과정으로 구분된다. 무의식적으로 정체성을 형성하는 심리적 기제는 '동일시(identification)'

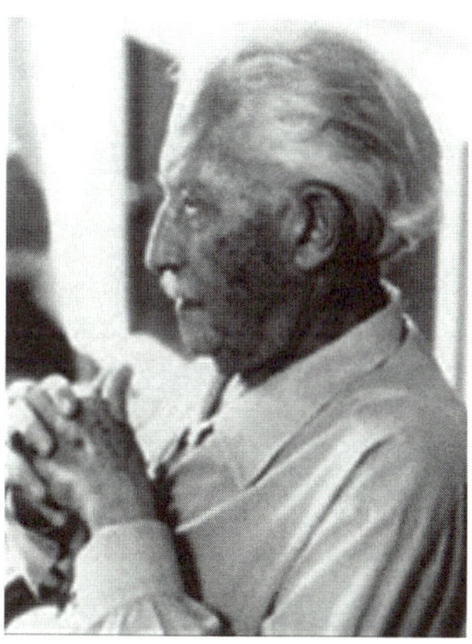

▸ 에릭 에릭슨(Erik H. Erikson, 1902~1994)
심리사회적 발달이론으로 유명한 덴마크계 미국인 발달심리학자이며 정신분석학자이다. '정체성 위기'라는 말을 만들어낸 것으로 유명하다.

▸ 에릭슨과 조안 서슨(Joan Serson)
부인인 캐나다 출신의 미국 심리학자 조안 서슨은 에릭슨 사후에 9번째 발달단계를 추기했다.

제다. 동일시의 대상은 개인일 수도 있고 집단일 수도 있다. 어린 시절에 매력을 느껴서 닮고 싶고 크게 영향을 받은 부모(특히 동성의 부모), 형제, 친구, 유치원이나 초등학교 시절의 선생님, 병원에 입원했을 당시의 간호사 또는 의사 같은 사회지도자, 좋아하는 연예인이나 운동선수, 그리고 역사적 위인 같은 개인들이 동일시의 대상이다. 또한 개인이 매력을 느껴서 소속되고 싶어 하는 종교, 정치, 사회, 이념집단 등의 준거집단(reference group)도 동일시의 대상이 된다. 이처럼 어린이들은 성장해 가면서 끊임없이 특정 인물이나 집단의 행동양식과 규범을 받아들여 내재화하는 동일시 과정을 통해서 자신의 모습을 만들어 간다.

한편 개인이 의식화할 수 있는 정체성 형성과정은 '심리사회적 유예기간(psycho-social moratorium)'을 통해서 이루어진다. 길고 지루하고 불확실하며 불안한 이 기간에 개인은 사회적 책임을 면하면서 장차 자신의 역할에 대한 끊임없는 탐색과 실험을 시도한다. 이 기간을 거치는 청소년들은 정체성의 확산(identity diffusion), 폐쇄(identity closing), 형성(identity formation) 또는 부정적 정체성 형성(negative identity formation) 같은 다양한 양상을 보인다. 정체성 확산이란 이미 정체성을 형성할 시기가 되었음에도 불구하고 정체성에 대한 결정을 내리지 못하고 지연시키는 것을 말한다. 정체성 폐쇄는 이 고통스런 위기를 모면하기 위해서 충분한 탐색없이 서둘러서 자신의 역할에 대한 최종 결정을 내리는 것이다. 부정적 정체성은 자신에 대한 부정적인 평가와 경험의 결과로 형성된다.

에릭슨은 직업선택이란 단순히 생계수단을 결정하는 것이 아니라 개인이 자신에 대한 개념(self-concept)을 규정하는 과정이며, 결정된 직업에 의해서 개인이 확인되고 판단되기 때문에 이를 '경력-정체성(career identity)'이라고 한다. 따라서 직업을 결정하는 것은 장차 사회생활 속에서 자신의 역할을 결정하는 과정이며 개인의 인생에서 가장 중요한 선택이다.

[표 4-1] 에릭슨의 심리사회적 발달단계

발달단계	연령	심리적 위기(과제)	바람직한 결과
1. 구강 감각기 (Oral-Sensory)	유아(Infancy) 출생~1년 6개월	기본적 신뢰 대 불신 (basic trust versus mistrust)	희망 (Hope)
2. 근육-항문기 (Muscular-Anal)	초기아동 (Early childhood) 1년 6개월~3년	자율 대 수치심, 회의 (Autonomy versus shame, doubt)	의지 (will)
3. 보행 이동기 (Locomotor)	아동(Play age) 3년~5년	주도성 대 죄책감 (Initiative versus guilt)	목적 (Purpose)
4. 잠재기 (Latency)	초등학생 (School age) 5년~12년	근면성 대 열등감 (Industry versus inferiority)	유능감 (competence)
5. 사춘기, 청소년기 (Adolescence)	사춘기 청소년 12년~18년	정체성 대 혼미 (Identity versus identity confusion)	충실 (Fidelity)
6. 성인 초기 (Young Adulthood)	성인 초기 18년~25년	친밀성 대 고립 (Intimacy versus isolation)	사랑 (Love)
7. 중년기 (Middle Adulthood)	중년기 25년~65년(퇴직)	생산성 대 침체 (Generative versus stagnation)	보호 (Care)
8. 노년기 (Old age)	노인 65년 이상	통합 대 절망 (Integrity versus despair)	지혜 (Wisdom)

에릭슨의 사회심리발달단계이론에 따르면 개인은 일생을 통한 발달 과정에서 중요한 인물과 상호작용을 하며, 이 과정에서 완수해야 할 발달과제를 수행하게 된다.

2 자신에 대한 과학적 이해

직업의 세계는 개인에게 구체적인 사회적 역할인 직무를 부여한다. 개인이 직무를 훌륭하게 수행하기 위해서는 직무를 수행하는 데 필요한 요건들을 잘 갖추어야 한다. 직무요건들은 산업심리학자나 전문가의 직무분석에 의해서 구체적으로 결정된다. 직무분석의 내용은 먼저 직무를 수행하는 데 필요한 능력, 기술, 성격특성, 적성, 가치, 작업동기, 직업흥미 등의 인적 요인 과제수행에 요구되는 기술의 다양성, 과제 정체성, 자율, 반복 등 직무 자체의 특성이 있다. 그리고 작업장의 소음, 실내온도, 통풍, 밝기 등의 물리적 작업환경 조건과 작업 인원수, 밀집, 타인과의 상호작용 빈도 같은 사회적 작업환경 조건 등이다. 직무분석 결과는 직무기술서나 직무명세서의 형태로 요약된다. 직무분석으로 확인된 내용들이 채용공고의 지원자 자격요건이 된다.

직업선택 과정에서 개인은 매력을 느끼는 직무나 직장의 직무요건을 자신이 잘 갖추었는지 객관적으로 평가해야 한다. 구직자로서 자기이해를 위한 노력은 자신의 몫이다. 나를 알기 위한 노력 없이 '내가 누구인지 잘 모르겠다'고 무책임하게 대답한다면 어느 인사담당자라도 호감을 갖기 어렵다. 자신의 직무관련 자질을 과학적으로 이해하는 데 사용할 수 있는 도구로는 심리학자들이 개발한 각종 심리검사들이 있다. 직업선택 과정에서 많이 이용되는 심리검사는 직무능력검사, 직업적성검사, 직업흥미검사, 성격검사 등이다. 개인이 심리검사를 이용하고자 할 때는 반드시 목적과 조건에 맞는 신뢰 타당한 검사를 선정하고, 표준적인 절차에 따라서 실시하면서 채점에서 해석할 수 있는 자질을 갖춘 심리검사 전문가의 도움을 받아야 한다. 심리검사에 대한 결과도 심리검사와 인간행동에 대한 과학적 지식을 갖춘 심리검사 전문가로부터 해석을 받아야 검사를 잘못 사용하는 것을 방지할 수 있다. 이제 직장이나 직업선택을 앞두고 심리검사를 제대로 이용하기 위해서 개인이 기본적으로 알아두어야 할 심리검사의 기초 원리를 알아보자.

1) 심리검사

심리검사(psychological testing)란 측정하려는 능력이나 특성들을 행동진술문들로 표집(sampling)하여 표준화된 과정에 따라서 객관적으로 측정하는 도구이다. 이런 검사를 '표준화 심리검사(standardized psychological test)'라고 한다. 심리검사는 인간행동의 개인차를 진단하고 예언하는 것을 목적으로 한다. 행동의 개인차는 개인 내(within) 차이와 개인 간(between) 차이로 구분된다.

개인 내 차이란 한 개인의 특성이나 능력이 시간의 경과나 상황에 따라 나타나는 차이를 말한다. 예를 들면 한 개인이 나이를 먹어감에 따라 지능수준이 달라지는지를 알아내기 위해서 초등학교 2학년 때와 고등학교 1학년 때 각각 지능검사를 실시하여 그 차이를 비교할 수 있다. 개인 간 차이는 같은 시점 및 조건에서 개인들마다 보이는 심리적 특성과 능력들을 측정하여 서로 비교하여 그 차이를 알아보기 위한 목적으로 사용된다. 예를 들면 같은 해에 초등학교에 입학한 신입생들 간의 지능수준 차이를 알아내어 학업에 대한 개인별 준비도를 평가하여 지도하고자 할 때 일괄적으로 지능검사를 실시한다.

2) 심리검사가 갖추어야 할 조건

심리검사는 객관적이고 목적에 맞도록 타당하게 사용되어야 한다. 좋은 검사가 되려면 표준화 과정 및 검사의 결과를 해석할 규준이 마련되어야 하고 높은 신뢰도 및 타당도를 지녀야 한다. 그 외에도 심리검사는 사용하기 쉽고 경제적이어야 한다. 여기서는 심리검사의 표준화, 규준, 신뢰도 및 타당도에 대해서 간략히 설명하고자 한다.

(1) 표준화

심리검사의 표준화(standardization) 과정이란 검사를 실시하는 절차, 검사자의 지시, 검사장의 물리적 조건들에 대한 통제, 채점과정의 객관화까지를 의미한다. 심리검사의 실시 및 채점과정의 표준화는 가장 객관적이고 과학적 관찰과정인 실험실 실험의 통제(control) 원리를 따른다. 인간의 행동을 원인과 결과의 관계로 설정하여 체계적으로 관찰하는 실험에서는 독립변수(independent variable)가 종속변수(dependent variable)의 원인이 되는지 검증한다. 이를 위해서, 독립변수 이외의 가외변수(extraneous variable)들이 종속변수에 영향을 미치지 못하도록 통제하는 엄격한 절차를 설계한다. 그러므로 성공적인 실험통제가 그 실험에 대한 평가의 중요한 기준이 된다.

심리검사도 개인의 행동을 체계적으로 관찰하는 과정이다. 심리검사를 이용해서 측정하고자 하는 지능, 적성, 성격, 흥미, 태도 등이 독립변수이고 검사결과인 점수가 종속변수인 셈이다. 제대로 실시된 검사라면 측정하고자 하는 심리적 특성(독립변수)의 차이에 의해서만 검사점수(종속변수)의 차이가 결정되어야 한다. 검사를 실시한 시간, 검사장의 소음, 조명, 검사자와 수검자가 안면이 있는 정도와 같은 가외변수들에 의한 영향을 배제하거나 최소화하도록 검사절차를 통제하는 것이 표준화절차이다.

(2) 규준

심리검사의 점수 자체만으로는 의미가 없고 검사결과는 해석되어서 이용되어야 한다. 검사결과를 해석하는 표준이 검사의 규준(norm)이다. 심리검사의 원점수(raw score) 자체가 아무런 의미가 없는 이유는, 검사를 사용하는 목적은 검사점수를 얻는 데 있는 것이 아니라 그 점수를 해석함으로써 검사가 측정하는 행동특성에 대해서 추론하는 것이기 때문이다. 그러므로 검사점수보다는 그 결과에 대한 해석이 더 중요하다.

대부분의 심리검사는 비교 가능한 표준화집단(또는 규준집단) 내에서 개인이 얻은 점수의 상대적 위치를 이용하여 개인의 검사점수를 해석한다. 예를 들어 일반적으로 널리 알려져 있는 웩슬러(D. Wechsler) 지능검사는 그 검사가 적용되는 집단의 표본인 표준화집단의 지능지수(IQ) 평균이 100이고 표준편차가 15정도이다. 어떤 사람이 그 검사에서 지능지수 115를 얻었다면, 이 사람은 평균보다 약간 높은 정도의 지능을 지닌 것으로 해석된다. 115점은 평균으로부터 1 표준편차(15점)만큼 더 높은 점수이므로 정확하게는 100명 중 자신보다 지능이 낮은 사람이 약 85명 정도가 되는 위치이다. 만일 지능지수가 100이라면 자신과 비교 가능한 사람들의 평균에 해당하는 지능지수를 갖고 있다고 해석된다.

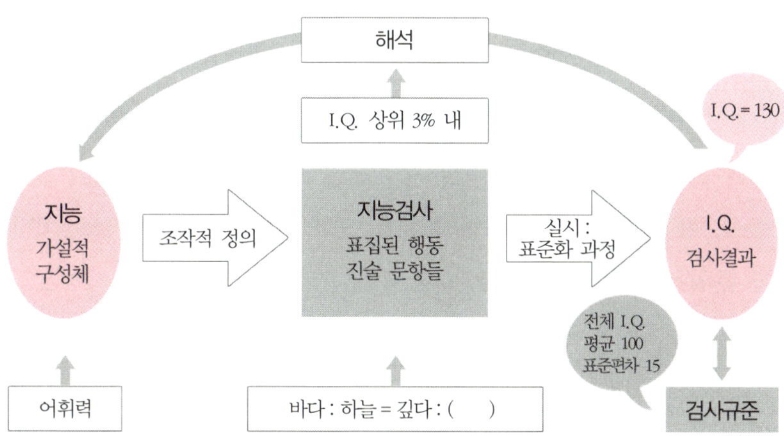

[그림 4-1] 웩슬러 지능검사

검사점수를 해석하는 규준은 심리검사마다 다를 뿐 아니라 검사받은 개인이 속한 하위집단(예를 들면, 초·중·고등학생, 일반성인, 남성, 여성, 직업 등)에 따라서도 달라진다. 그러므로 심리검사 결과에 대한 해석은 섣불리 해서는 안 되며, 반드시 검사전문가의 도움을 얻어야 한다.

(3) 신뢰도

검사의 신뢰도(reliability)란 검사결과의 일관성을 의미한다. 검사를 실시한 시간이나 장소, 검사의 유형, 채점자 등이 달라져도 검사결과가 일관성을 유지할수록 믿을 만한 검사이다. 만약에 당신이 대학에 입학한 직후인 3월 초에 실시한 대학생용 지능검사에서 IQ125를 얻었다고 하자. 그런데 6개월 후에 같은 검사를 실시해서 IQ103을 기록했다면, 과연 당신의 진짜 지능지수는 어느 것일까? 이처럼 동일한 개인이 시점을 달리해서 같은 검사를 반복해서 얻은 검사결과가 우연이라고 보기에도 어려울 정도로 차이가 난다면, 그 검사의 점수는 믿을 수 없을 것이다.

자신이 사용하려는 검사가 어느 정도 신뢰할 수 있는지는 검사가 실시되는 시간의 간격, 검사문항의 표집, 채점자 등 검사조건이 달라짐에 따라서 검사결과가 달라지는 정도를 평가하는 검사신뢰도로 알아낼 수 있다. 심리검사의 신뢰도는 검사결과의 차이에 영향을 미치는 통제되지 않은 원인들에 대한 분석으로 산출할 수 있다. 심리검사의 신뢰도 유형으로는 검사-재검사 신뢰도, 동형검사 신뢰도, 반분 신뢰도, 내적 합치도 및 채점자 간 신뢰도 등이 있다.

검사-재검사 신뢰도(test-retest reliability)는 같은 검사를 동일인들에게 시간 간격을 두고 반복해서 실시한 후, 두 점수들 간의 상관을 산출해서 얻는다. 여기서 두 번에 걸쳐서 얻은 검사의 점수 차는 단지 두 점수가 각각 얻어진 시간 간격에 의해서 일어난다. 따라서 두 검사점수들 간의 상관계수를 계산해서 검사-재검사 신뢰도를 산출하면 그

검사가 실시되는 시간의 차이에 의해서 측정 오류가 일어나는 정도를 평가할 수 있다. 검사-재검사 신뢰도가 높다는 것은 같은 검사를 반복해서 실시하더라도 일관성 있는 결과를 얻는다는 뜻이다.

동형검사 신뢰도(alternative-form reliability)는 쌍둥이인 두 동형검사(예를 들면 대입 수학능력고사의 A형과 B형) 점수 간의 상관계수를 산출해서 얻는다. 심리검사는 측정하려는 특성의 전집으로부터 표집한 행동진술문으로 구성된다. 그러므로 특성의 한 검사는 전집으로부터 얻어낼 수 있는 수많은 표본들 중의 하나에 해당한다. 이론상으로 그 검사의 동일한 동형검사들을 수없이 많이 제작할 수 있다. 동형검사들은 표집된 구체적 문항을 제외한 문항 수, 검사시간, 검사절차 등의 모든 조건이 동일하다. 그러므로 두 동형검사 간의 점수 차는 문항의 전집으로부터 표집하는 과정의 오류인 문항 표집오류(sampling error)에 기인한다. 따라서 시간 간격 없이 연속해서 실시되는 두 동형검사는 문항표집에 의한 측정의 오류가 일어나는 정도를 평가하는 데 이용된다. 이런 유형의 신뢰도를 '즉각적인(immediate) 동형검사 신뢰도'라고 한다. 만일 어느 정도의 시간 간격을 두고 동형검사를 실시한다면 검사실시의 시간 간격과 문항의 표집에 따른 측정의 오차를 동시에 평가할 수 있다. 이런 신뢰도를 '지연된(delayed) 동형검사 신뢰도'라고 한다.

반분 신뢰도(split-half reliability)는 같은 사람들에게 검사를 한 번 실시함으로써 그 검사가 같은 내용의 문항들로 표집되었는지를 평가하는 방법이다. 구체적인 방법으로는 한 검사의 문항들을 절반으로 나누어서 마치 별도의 두 동형검사인 것처럼 검사점수를 각각 산출하여 두 점수 간의 상관을 알아낸다. 전체문항은 짝수문항과 홀수문항, 전반부와 후반부, 4등분의 1/4와 3/4를 합친 것과 2/4와 4/4를 합친 문항들 간의 상관을 산출하는 방식 등으로 다양하게 반분할 수 있다.

내적 합치도는 측정문항들의 내용이 동질적인가를 평가하는 신뢰도이다. 심리적 특성 하나를 측정하기 위해서 표집된 문항들은 동질적인 내용이어야 측정결과의 일관성을 보일 수 있다. 표집된 문항들이 질적으로 같은 내적 합치도는 검사문항들을 반분할 수 있는 모든 경우들을 이용하여 반분 신뢰도를 산출하여 그 산술적 평균치를 얻어내는 과정을 거친다. 내적 합치도에는 두 가지 유형이 있다. 검사 문항에 대한 응답이 '예'나 '아니오'처럼 이분법적이면 K-R(Kuder-Richardson) 신뢰도를 산출하고, 선택지가 세 가지 이상으로 다항식이면 크론바흐(Cronbach)의 알파계수를 산출한다.

마지막으로 채점자 간의 채점결과의 일관성을 평가하는 신뢰도가 있다. 앞에서 논의된 신뢰도는 모두 검사 자체의 특성 때문에 측정의 오차가 발생하는 것을 평가하는 방법이었다. 그러나 측정은 측정자 오류에 의해서도 발생한다. 한 개인의 검사결과를 두 채점자가 각각 채점하여 얻어낸 두 점수 간의 상관을 산출하여 채점자 간의 점수 일치도를 평가할 수 있다. 검사는 누가 채점하더라도 점수가 일관성을 보여야 믿을 수 있다.

(4) 타당도

검사타당도란 검사가 측정하고자 하는 심리특성의 내용을 제대로 측정하는지 또는 검사가 진단 및 예언의 목적을 잘 달성하고 있는지를 평가한다. 다시 말해서 검사타당도란 검사가 원래의 목적을 달성하는 정도를 말한다. 검사타당도의 유형은 내용타당도(content validity), 준거관련타당도, 구성타당도가 있다.

내용타당도는 측정하고자 하는 검사 내용을 잘 표집하고 있는가를 평가하는 것이다. '직장과 심리학' 강좌의 중간고사를 예로 들어보자. 일종의 학업성취검사인 이 시험의 문항들은 중간고사 범위에 포함되어 있는 학업내용들을 고르게 반영하도록 출제되어야 한다. 만일 전혀 다루지 않은 내용이거나 어느 한 주제에 몰려서 출제되었거나 또는 문제를 영어로 출제했다면 그 시험은 내용상 '직장과 심리학'의 중간고사로서 타당성이 없다.

내용타당도와 유사한 개념으로 안면타당도(face validity)가 있다. 이것은 비전문가인 일반인 또는 수검자가 보기에 검사문항들이 그럴듯하게 보이는 정도를 말한다. 예를 들어서 '의학적성검사'라는 이름을 가진 적성검사의 문항내용들이 의사나 의과대학생들의 활동과 실제로 관련 있어 보이는 내용으로 구성되어 있을 때 사람들은 그 검사가 의학적성을 측정하기에 적절한 내용의 문항들로 된 좋은 검사라고 생각할 것이다. 이를 안면타당도가 높다고 말한다. 만일 의학적성검사가 단순히 한 자리 숫자들을 계속 더하는 문항들로 구성되어 있다면, 실제로 그것이 의사로서의 적성을 매우 잘 측정할 수 있는 검사라 하더라도 수검자들은 그 검사에 대해서 의심하고, 검사 실시과정에서 적극적으로 협조하지 않을 것이다. 따라서 안면타당도는 비록 비전문가들의 주관적 판단에 의한 것이지만 만일 안면타당도가 낮으면 수검자들이 검사에 대해서 관계(rapport)를 형성하지 못하기 때문에 검사가 제대로 실시되기 어려워서 그 목적을 달성하지 못할 것이다.

심리검사의 목적은 검사점수를 얻어서 그것으로 행동을 진단하고 예언하는 것이다. 그러므로 검사점수와 검사가 예언 또는 진단하려는 행동인 준거(criterion) 간에는 높은 관련성이 있어야 한다. 다시 말해서 검사의 목적인 진단이나 예언이 얼마나 가능한가를 통해서 그 검사의 타당성을 평가할 수 있다. 검사점수가 준거 측정치와 관련되는 정도를 알아보기 때문에 준거관련타당도(criterion-related validity)라고 한다.

준거관련타당도에는 두 가지 유형이 있다. 하나는 예언타당도(predictive validity)로서, 선발용 직업적성검사나 대학수학능력시험처럼 장래의 행동을 예언하는 것이 목적인 검사에 적용된다.

이때는 검사점수가 먼저 얻어지고 일정한 시간이 경과한 후에 검사가 예측하고자 하는 준거측정치를 얻어서 두 측정치 간의 상관계수를 산출한다. 이 과정을 '추수연구(follow-up study)'라고 한다.

다른 하나는 검사점수와 준거측정치를 거의 동시에 얻어내어 두 측정치 간의 상관을 알아보는 공존타당도(concurrent validity)이다. 예를 들어서 상담자가 환자의 정서불안 상태를 진단하기 위해서 불안검사를 이용하는 경우를 생각할 수 있다. 상담자는 불안검사를 실시하는 동시에 임상경험에 의해서 환자의 불안행동을 관찰할 수 있다. 만일 불안검사가 타당한 것이라면 검사결과와 상담자가 불안행동을 관찰한 결과의 관련성이 커야 한다. 이 과정은 심리검사 점수와 준거 측정치가 동시에 얻어지므로 '현직자법(incumbent method)'이라고 한다.

마지막으로 구성타당도(construct validity)는 검사가 측정하는 내용들이 원래 검사가 측정하는 심리특성의 이론적 구성개념을 제대로 잘 반영하고 있는지를 평가하는 것이다. 예를 들어서 어느 일반 지능검사를 제작할 때 지능이 어휘력, 계산능력, 추리력, 공간지각능력, 지각속도, 수공능력의 여섯 개 하위요인들로 구성된다는 이론을 따른다면, 이 지능검사의 문항들은 이 여섯 가지 능력들을 각각 반영하는 하위검사들로 구성되어야 한다. 구성타당도를 확인하는 통계적 방법으로는 요인분석(factor analysis)이 이용된다. 요인분석 결과로 이 지능검사의 전체 문항들로부터 지능을 구성하는 능력들과 일치하는 여섯 개의 하위요인들을 추출할 수 있을 때 검사의 구성타당도가 높다고 말할 수 있다.

3) 심리검사를 이용할 때 주의할 점

심리검사는 표준화절차에 따르는 객관적인 행동관찰이므로 잘 훈련받은 전문가가 직접 사용하거나 최소한 심리검사 전문가의 도움을 얻어서 사용해야 한다.

(1) 심리검사의 선정 및 실시

직업이나 직무에 관련된 자신의 능력이나 심리적 특성을 이해할 목적으로 직업적성검사, 직업흥미검사, 성격검사 등 심리검사를 이용하려는 개인은 목적과 이용절차 등이 자신에게 알맞은 검사를 선정하고, 표준화된 절차에 따라서 검사를 실시할 수 있어야 한다. 일반적으로 개인은 심리검사에 대한 전문적 지식, 검사의 신뢰도와 타당도, 그리고 표준화 집단의 특성 등을 잘 알고 있는 심리검사 전문가의 도움을 얻어야 한다. 그리고 검사를 표준화 절차에 따라서 진행하도록 검사재료 준비, 지시사항 및 진행 순서, 수검자와의 관계 형성, 검사장의 통제 등에 관한 훈련을 받은 심리검사 전문가를 선택해야 한다. 최근에는 컴퓨터의 도움으로 간단한 안내에 따라서 개인이 스스로 검사를 실시하도록 설계된 온라인 심리검사들이 많이 개발되어 있다. 그러나 온라인 심리검사는 여전히 검사절차의 표준화가 충분하지 않다는 문제가 남아 있다.

(2) 검사결과의 통보 및 해석

앞에서 논의되었듯이 심리검사에서는 점수 자체가 아니라 결과에 대한 해석이 중요하다. 그러므로 원점수가 어떤 표준점수로 전환되었는지, 규준에 따라서 검사점수가 어떤 의미를 지니는지, 검사상황이나 피검자 조건 등의 요인을 어떻게 고려해서 검사결과를 해석해야 할 것인지에 대한 지식을 갖춘 전문가의 도움을 받아야 한다. 검사 전문가는 검사결과를 어떤 식으로 통보하고, 통보에 따른 수검자의 반응을 어떻게 배려할 것인지에 대해서도 훈련을 받는다.

종합적으로 개인이 직업선택 과정에서 자신을 이해할 목적으로 심리검사를 이용하고자 할 때 도움을 요청할 자질을 갖춘 검사자란 심리검사의 원리, 검사에 대한 기초 지식, 검사에 대한 전문적 훈련을 거친 사람이어야 한다. 그리고 검사결과를 해석하고 활용하기 위해서는 검사가 다루고 있는 행동에 대한 심리학적 지식을 갖추고 있어야 한다.

3 심리검사의 역사 및 종류

1) 지능검사

심리검사에 대한 초보적인 관심은 19세기에 프랑스 내과 의사이며 정신과 의사였던 장 에티안느 도미니크 에뀌롤(Jean Etienne Dominique Esquirol)이 1838년에 발표한 저서에서 시작되었다. 그는 정신장애(mental illnesness)를 정신지체(mental retardation)와 정신이상(insainity)으로 구분했다. 정신이상은 뇌 기관의 손상보다는 정서적 결함에 원인이 있다고 보았으며, 지적 수준은 언어능력에 의해서 결정된다고 보았다. 정신지체를 백치(low-grade idiocy)에서 정상에 이르기까지 수준별로 구분하여 제시했다. 또 다른 프랑스 내과 의사인 스깽(Seguin, 1812~1880)은 정신지체의 원인은 신경계의 취약이며 감각 동작훈련으로 치료될 수 있다고 믿었다. 그는 1837년에 정신지체아 훈련원을 설립했고, 지적 수준을 측정하는 절차인 모양 맞추기 판(Sequin Form Board)을 개발했다.

심리검사의 발전에 결정적으로 기여한 인물은 다윈의 사촌인 영국의 생물학자 프랜시스 골턴(Francis Galton)이다. 그는 다윈의 생물진화 연구에서 상당한 자극을 받아 개인차 연구를 시작했는데, 인체측정학적 자료들에 기반을 둔 '개인차' 개념은 심리검사 운동에 결정적 기여를 했다. 인간의 진화와 유전을 연구하려면 인간에게 적응력과 생존가치를 지닌 개체특성들을 확인할 필요가 있고, 골턴의 관심 주제는 바로 이 차이들의 유전에 관한 것이었다. 그는 개인차에 대한 엄청난 자료를 처리하기 위해 통계방법론을 개발하면서 우리가 현재 사용하고 있는 상관계수 개념을 생각해냈다.

▸ 장 에티안느 도미니크 에뀌롤(Jean Etienne Dominique Esquirol, 1772~1840)

그의 제자 찰스 스피어먼(Charles Spearman, 1863~1945)은 상관계수를 산출하는 공식을 만들고 지능검사 문항들을 요인분석이라는 통계적 분석을 통해서 지능의 2요인이론(two-factor theory)을 주장했다. 심리검사는 바로 이 개인차를 측정해서 인간행동에 대한 이해와 예측을 하는 것을 목적으로 한다.

개인차에 최초로 본격적인 관심을 보인 심리학자는 제임스 맥킨 카텔이었다. 그는 빌헬름 분트의 실험실에서 반응시간에 대한 개인차를 주제로 어렵게 박사학위 논문을 썼다. 1888년 영국 캠브리지대학에서 골턴을 만나면서 개인차 측정에 큰 관심을 지니게 되었고, 1890년에는 '정신검사'라는 용어를 처음 사용했다.

최초의 과학적 지능검사는 프랑스의 심리학자 알프레드 비네와 정신과 의사 시몽(Simon)이 어린이를 대상으로 정신연령(지능)을 측정하는 개인용 검사로 개발한 비네-시몽 척도(Binet-Simon Scale, 1905)이다. 그 뒤 미국 스탠퍼드대학의 루이스 터먼(Lewis Terman) 교수가 비네검사를 미국판으로 개정한 스탠퍼드-비네(Stanford-Binet) 검사(1916)에서 처음으로 지능지수(IQ: Intelligence Quotient)를 산출하여 사용하였다. 터먼은 제1차 세계대전 당시 집단 지능검사인 '군대-알파' 및 '군대-베타' 검사 개발에도 참여하였다.

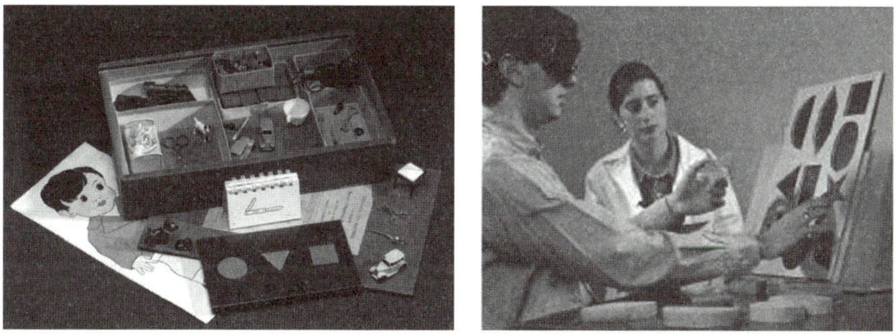

[그림 4-2] 스탠퍼드-비네(Stanford-Binet) 검사 일부 및 검사 실시 장면
스탠퍼드-비네 지능검사에서는 추리(abstract)와 시각적 추론 능력이 측정된다. 눈을 가린 수검자는 촉각을 통해서 모양에 맞게 조각을 구멍에 맞춘다.

지능지수(IQ)는 이보다 앞서 독일의 심리학자 윌리암 슈테른(William Stern, 1911)이 공식을 제안했다. 그는 정신연령(MA: Mental Age)과 생활연령(CA: Chronological Age)을 이용해서 그 비율로 지능지수를 산출했다. 지능지수 산출은 IQ = (MA / CA) × 100으로 하고 이렇게 산출된 지능지수를 비율 IQ라고 한다. 오늘날은 대부분의 지능검사들에서는 개인의 검사점수를 표준화집단 내에서의 상대적 위치로 해석하는 편차 IQ를 사용하고 있다.

지능의 개념적 정의에 대해서는 학자들 간에 합의가 이루어지지 않았지만, 수많은 기존의 지능검사들이 측정하는 문항내용을 확인함으로써 지능의 성질을 알아보려는 노력이 있었다. 앞서 소개한 영국의 심리학자 찰스 스피어먼은 요인분석법을 개발하여 지능을 구성하는 하위요인들을 추출하였다. 지능검사에서 측정하는 구체적인 지능요인들은 다양하지만 대개는 언어추리력, 어휘력, 어휘 적용력, 수리력, 수리추리력, 계산력, 수열추리력, 공간지각력, 수공능력 등이 하위검사를 구성한다.

제1차 세계대전 중에는 군대 심리학자(military psychologist)들에 의해서 신병선발을 위한 집단지능검사가 개발되어 이후에 지능검사가 일반대중에게 크게 보급되는 계기가 되었다. 여키즈가 위원장으로, 심리학자들로 구성된 위원회에서는 집단으로 실시할 지능검사를 개발하였다. 오티스(Arthur Ottis)의 선다형 객관식 문제방식을 채택하여 '군대-알파' 및 '군대-베타'검사가 개발되었다. '군대-알파' 검사는 일반적인 언어성 검사이지만 '군대-베타' 검사는 영어를 읽고 이해하지 못하는 문맹자들을 위해서 제작된 비언어성 또는 동작성 검사이다.

제1차 세계대전 이후 군대뿐만 아니라 학교와 산업체에서 신병, 신입생 및 신입사원 모집에 지능검사가 활발하게 적용되기 시작했다. 1932년에는 미국 대도시 학교의 75%가 표준화된 지능검사를 사용했다. 그러나 학교에서 학업지도를 위한 진단용 지능검사가 널리 사용되면서 검사에 대한 이해부족 및 상업적 목적으로 심리검사가 남용 또는 오용되기에 이르렀다. 특히 미국 공립학교의 교실에서는 교사나 학생들 사이에서 지능검사에 대한 오해로 인종 간의 편견과 차별행동이 심화되었고, 이에 따라 학부모 단체들로부터 심리검사 반대운동이 일어났다.

2) 성격검사

성격(personality)은 개인을 타인들과 구별하게 하는 독특하고도 지속적인 행동 경향성이다. 성격검사는 개인의 내-외향성, 사회성, 정서안정성, 독립-의존성, 친절성, 정직성, 동기, 흥미, 태도 같은 정서적이며 비지적 특성들을 측정하는 심리검사이다. 성격을 측정하는 방법으로는 질문지를 이용한 자기 보고법(self-reporting questionnaire), 애매모호한 자극에 대한 자유로운 반응을 얻어내서 그 반응내용을 분석하는 투사법(projective method), 그리고 상황을 설정하여 실제로 유발된 행동을 관찰하여 측정하는 수행 또는 상황검사법(performance or situational test) 등이 있다.

자기 보고식 질문지법은 제1차 세계대전 중에 로버트 우드워스가 개발한 개인 자료 기록지(Personal Data Sheet, PDS)에서 시작되었다. 이 검사는 전투 중 군대생활에 적응하기 어려운 군인들의 신경증을 진단할 목적으로 개발되었고, 이후에 개발된 많은 성격검사들의 원형이 되었다. 대표적인 자기 보고식 성격검사로는 미네소타 다면적 인성검사(MMPI), 캘리포니아 심리검사(CPI) 등이 있다.

각 문항을 읽고 '예' 또는 '아니오'에 ○표 하시오.
• 나는 생각들이 머리를 스쳐서 잠을 잘 수 없다. .... 예 · 아니오
• 남들은 나를 나쁜 사람으로 생각한다. .... 예 · 아니오
• 비현실적인 감정 때문에 생활에 지장이 있다. .... 예 · 아니오
• 나는 자살하고 싶은 강한 욕망을 느낀다. .... 예 · 아니오

[그림 4-3] 우드워스가 개발한 개인 자료 기록지(PDS)의 문항 예

투사기법은 검사대상자가 애매한 자극에 대해서 자신의 행동반응 양식을 자유롭게 투사해서 나타내도록 한다. 애매한 자극인 단어나 그림 등에 대해서 피험자가 떠오르는 생각을 자연스레 보고하는 자유연상검사, 문장의 일부를 비워두고 피험자가 문장을 완성하게 하는 문장완성검사, 자신의 생각을 그림으로 나타내게 하는 그림검사, 장난감으로 장면을 꾸미게 하거나 즉흥적으로 상황을 꾸며서 연기하는 극 놀이, 좌우가 대칭인 애매한 그림에 대해서 느끼고 생각하는 대로 응답하게 하는 잉크반점검사 등이 모두 투사검사의 일종이다. 성격을 측정하는 대표적인 투사검사로 주제통각검사(TAT)와 로르샤흐(Rorschach) 잉크반점검사 등이 있다.

작업수행 또는 상황검사는 검사대상자들에게 검사의 목적을 숨기고 작업이나 일상생활의 상황과 유사한 장면에서 실제로 작업을 수행하거나 행동을 하게 한다. 설정되는 장면은 실제 행동을 관찰할 수 있도록 현실을 축소해서 옮겨놓은 모의상황이다. 예를 들어 비서를 선발하기 위해서 실제로 사무실에서 발생할 수 있는 전화를 받거나 걸기, 메모하기, 상사의 일정을 계획하고 체크하기, 문서작성 등의 상황을 설정해놓고 지원자들이 실제 상황에서 문제를 해결하는 행동을 관찰하여 성격이나 행동성향을 평가할 수 있다. 이런 유형의 검사들은 비교적 복잡하고 난해한 사회적 · 정서적 행동을 다루며, 검사를 실시하는 검사자는 정교한 관찰과 기술을 할 수 있도록 훈련을 받아야 한다.

[그림 4-4] 로르샤흐 잉크반점검사(좌)**와 주제통각검사**(우)

3) 적성검사

지능검사가 개인의 일반능력을 측정한다면, 적성검사는 잠재된 특수 능력들을 측정한다. 선발을 위한 직업적성검사는 현재의 직무능력이 아니라 입사 후 직무수행에 필요한 구체적인 잠재능력들을 예언하려는 검사이다. 직업이나 직무에 따라서 작업자에게 요구되는 기술, 능력, 지식 등의 요건은 다르다. 그러므로 특정한 직무나 직업에 대한 개인의 적응 및 효율성을 예측하기 위해서는 직업이나 직무별로 특수한 능력들을 별도로 측정하여 조합하는 검사배터리(종합적성검사)를 이용한다. [그림 4-5]는 퍼듀 페그보드 적성검사(Purdue Pegboard Test)의 예이다.

지능검사는 학업성적과 높은 관련성이 있어서 오히려 학업성취검사의 성격을 지닌다는 점과 1920년대에 지능검사를 무분별하게 사용함에 따른 비판과 오해가 새로운 형태의 개발을 요구했다. 그 결과 적성검사의 필요성이 커지게 되었다. 개인 내 차이를 비교하기 위해서 여러 가지 구별된 기능들에서 한 개인의 수행 차이를 알아낼 수 있는 검사의 개발이 필요했다. 왜냐하면 이제까지 지능검사는 여러 능력들을 측정하지만 전체적으로 동질적인 지능을 측정하는 것이기 때문에 한계가 있었다. 적성검사의 개발은 중다 적성검사(multiple aptitude test) 개발을 위한 요인분석법의 사용으로 가능했고, 그 결과 다양한 다면적 적성검사 배터리(multiple aptitude batterie)들이 개발되어 사용되기 시작했다.

[그림 4-5] 퍼듀 페그보드 적성검사
두 가지 유형의 활동을 측정하는 민첩성 검사. 하나는 전반적인 손 운동으로 손가락과 팔의 전체적 운동이고, 다른 하나는 손가락 민첩성이다.

4 직업 및 직장에 대한 이해

취업준비 과정은 구직자가 직업이나 직장의 지원자로서 기업의 요구조건에 자신을 맞추어 나가는 과정이다. 그러므로 개인은 자신이 장차 일할 직장에 대해서 사전 지식을 갖추어야 한다. 급격하게 변화하는 정보화 사회가 진행되면서 직업정보나 직장에 대한 정보수집과 분석은 어려운 과제가 되고 있다.

직업정보는 직업 자체와 관련된 사실에 대한 기술과 설명은 물론이고 직업에 관한 분석, 필요한 자질과 훈련, 직업전망 등 일의 세계에 관련된 광범한 사실을 기술 · 설명 · 예언하는 체계적이고 조직적인 자료이다. 구체적으로 직업정보는 자격요건, 작업조건, 근무시간, 훈련, 보상, 승진 등을 포함한 직위, 직무, 직업 등에 관한 유용한 자료이다. 반면 직장정보는 회사의 경영철학이나 기업정신 또는 문화, 행동규범, 주력사업 분야, 추구하는 바람직한 인재상, 회사의 발전 가능성, 직장의 장래성 및 안정성 등을 포함한다.

직업이나 직장을 준비하고 결정하는 과정에서 직업탐색과 지식의 습득, 그리고 최종적인 행동으로 나타날 때까지 각 단계마다 적절한 직업 및 직장정보가 필요하다. 따라서 직업 및 직장정보는 즉시성, 신뢰성, 타당성, 효용성 등을 구비해야 한다. 정보를 수집하고 제공하는 개인과 개인, 개인과 조직, 조직과 조직 간의 오류가 없어야 한다. 정보는 적절한 시간에 적합한 정보가 개인 및 조직에게 유통되어야 하는 시간적 신속성과 적절성 등도 중요하다. 직업 및 직장정보를 통해서 구직자들은 올바르게 진로를 결정하고, 잘못된 직업선택에 따른 개인적 · 사회적 비용을 최소화할 수 있다. 평생직업 개념이 보편화 됨으로써 직장 이동이 활발해지기 때문에 정확하고 신속한 직업 및 직장정보는 취업이나 경력관리 과정에서 발생하기 쉬운 시행착오를 줄일 수 있다.

직업 및 직장에 대한 유용한 정보는 취업관련 포털 사이트, 책자 및 안내서, 취업설명회, 직장에 다니는 현직자 같은 다양한 출처로부터 직접 얻을 수 있다. 그리고 국내외 채용박람회를 통해 각종 홍보물로 기업활동 및 상품소개, 회사에 대한 충분한 정보를 얻을 수도 있다.

최근에는 회사들이 홈페이지를 개설하여 회사에 대한 소개는 물론이고 홍보나 채용 및 구인광고를 하고 있다. 구직자들이 지원하는 회사가 원하는 인재상을 파악하기 위한 가장 직접적인 정보는 홈페이지에 있는 그 회사의 핵심역량 모델(Core Competency Model)을 참고하는 것이다. 최근의 각 기업체는 핵심역량 모델링에 기반한 사원채용 및 교육 등 인사관리 체계를 채택하고 있기 때문이다. 직업 및 직장에 대한 정보 출처 내용과 장단점을 보면 다음과 같다.

인쇄매체는 가장 전통적이며 일반적인 직업정보 전달방법이다. 요즘도 인쇄매체가 가장 광범위하게 사용되고 있지만, 정보의 양이나 내용이 대상자로부터 흥미나 관심을 불러일으키기에 제한된다는 단점이 있다. 인쇄물 이외에도 각종 시청각 매체를 통하여 정보를 전달할 수 있다. 자주 이용되는 시청각 매체로는 게시판, 전시, 교육 또는 상업용 방송, 비디오테이프, 슬라이드, 영화, 마이크로필름 등이 있다. 직업 및 직장정보는 강연회, 토론회, 각 학교에서 진로 및 취업관련 행사 모임이나 수업시간 등 모임이나 집회를 통해서도 전달될 수 있다. 면담을 통한 직업 및 직장정보 전달방법은 해당정보에 대한 전문가나 담당자를 구직자와 직접 만나게 하여 알고자 하는 정보를 비교적 깊이 있고 구체적으로 전달해줄 수 있는 장점을 지닌 방법이다.

[그림 4-6] 한국항공우주주식회사(KAI)의 인재상과 역량모델 기반 인사관리

취업 준비 학생들을 대상으로 공장이나 회사, 학교 등을 방문하게 하여 필요한 직업 및 직장정보를 제공하는 방법이 견학이다. 실제 직업상황에서 수행되는 직무를 직접 관찰하고, 그 일에 종사하는 현직자들과 직접 만나서 이야기를 나누고, 그 직장의 여건과 환경을 관찰하는 기회를 갖는다는 점에서 견학은 매우 유익한 직업 및 직장정보 출처이다. 실습 및 인턴과정은 현장에서 직접 체험함으로써 일에 대한 구체적인 정보를 획득하게 하는 방법으로, 직업 및 직장정보의 가장 좋은 출처 중 하나이다. 그 밖에 직업상담(counseling)은 직업 및 직장정보를 얻는 매우 유익한 정보출처이다. 직업상담 과정에서는 앞서 제시한 여러 가지 정보출처들을 상담과정에 통합하여 사용할 수 있다. 산발적이며 단편적인 방법에 의한 정보제공보다는 전문적인 지식과 경험을 가진 상담자가 진로상담이란 과정을 통하여 필요한 정보를 체계적으로 적절한 시기에 제공해줄 수 있다면 가장 효과적으로 이용할 수 있을 것이다.

이처럼 다양한 출처로부터 직업 및 직장정보를 얻을 수 있지만 앞서 언급한 대로 다양한 정보출처들이 정확하고 신뢰 있는 정보를 제공하는 것이 중요하다. 그렇기 때문에 구직자는 자신들이 습득한 직업 및 직장정보가 얼마나 정확하고 믿을 수 있는가를 평가해야 한다. 그 평가기준(Hoppock, 1976)으로는 다음과 같은 몇 가지를 들 수 있다. 정보가 언제 만들어진 것인가? 어느 곳을 대상으로 한 것인가? 누가 만든 것인가? 어떤 목적으로 만든 것인가? 그리고 자료를 어떤 방식으로 수집하고 제시했는가?

결론적으로 말하면, 구직자는 믿을 만하고 타당한 직업 및 직장정보를 얻기 위해서 다양한 정보출처를 사용해야 하고, 그 정보들이 일치되고 일관성이 있는지 확인하는 것이 필요하다.

쉬어 갑시다!

역량모델에 기반한 신입사원 채용

최근에는 전통적인 직무분석법의 한계가 드러남에 따라 평가센터(AC: Assessment Center) 기법에 의한 역량모델을 기반으로 채용하고 선발하는 추세이다. 격변하는 사회환경은 일의 세계에서도 빠른 변화를 초래하고 있다. 그 결과 치열한 경쟁적 환경에서 성과의 중요성이 커졌다. 그리고 기술혁신으로 직무와 직무수행 방법이 급속하게 변화되었다. 그뿐 아니라 인적자원에 대한 관점에서의 변화가 왔다. 교육수준이 높아져서 학습과 훈련 기회가 많아지고 기술이나 지식 등 기본수준에서는 개인 간 차이가 드러나지 않게 되었다. 성과의 차이는 결국 다양한 능력과 특성 및 행동양식들이 종합된 업무행동인 역량이 발휘되어 나타난다. 따라서 지능, 기술, 성격, 적성, 태도, 가치 같은 전통적인 직무분석으로 얻어낸 직무요건들로는 성공적인 작업자를 예측하기 어려워졌다. 많은 일들이 기능-연결(cross-functional) 팀 형태로 변화함으로써 직무보다는 역량에 근거해야 하기 때문에 이를 반영하여 맥클레랜드(McClelland, 1973)가 처음으로 '역량(competency)'이라는 개념을 도입했다. 역량은 특정 상황이나 직무에서 준거에 따른 효과적이고 우수한 수행의 원인이 되는 개인의 내적 특성으로서 다양한 상황에서 일반적으로 나타나고 비교적 오랜 시간 지속되는 행동 및 사고방식이다.

지금까지의 인사관리에서는 연공서열이나 직무가 중심개념이었다면, 최근에는 역량이 중요한 기준으로 채택되고 있다. 각 분야에서 높은 성과자(high performer)가 보여주는 역량을 규명하고, 이것을 선발, 배치, 훈련 및 평가 등에 이용하는 것을 역량기반 인적자원관리(CBHRM)라고 한다.

조직의 계층이나 직종에 따라서 구분된 각 집단의 구성원이 갖추어야 할 인재상이란 높은 성과를 내는 행동특성인 역량을 명확하게 표현한 것으로 역량모델이라고 부른다. 역량모델은 공통역량 모형, 리더십(계층) 역량 모형, (특정)직무 역량 모형 등으로 구분된다. 채용을 위해서는 조직이 요구하는 인재상을 제시하는 데 사용되고, 선발과정에서는 심리검사나 면접 등으로 역량수준을 평가한다.

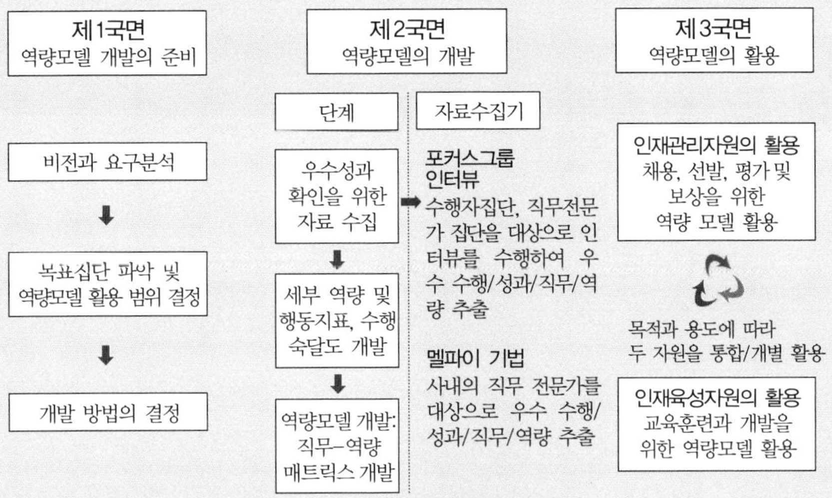

[그림 4-7] 역량모델 개발 및 활용

제5장
사원채용 및 선발과정의 심리학적 전략

신입사원을 채용 · 선발하는 회사의 목적은 장차 직무를 잘 수행하고 직장에 적응할 수 있는 개인을 선발하는 것이다. 이를 위해 회사는 어떤 직무에 어떤 자질을 갖춘 인원이 어느 정도 필요한지부터 결정해야 한다. 우선 충원이 필요한 일의 내용과 그 직무요건을 파악하기 위해서는 직무분석이 선행되어야 한다. 직무분석에 의해서 그 직무를 수행하는 데 필요한 직무요건이 결정된다.

다음으로는 그 직무를 수행하는 데 부족한 인원을 알아내야 한다. 이런 과정을 거친 후에 채용을 위한 모집광고를 내고, 선발 및 배치하는 절차를 거친다. 이러한 일련의 선발과정에서는 지원자들이 직무요건을 얼마나 잘 갖추었는지 측정해서 비교하고 평가할 필요가 있다. 산업 및 조직심리학자들은 심리학의 지식과 기법들을 이런 인사실무에 적용한다. 이런 분야를 구체적으로는 인사심리학(Personnel psychology)이라고 한다.

1 직무분석

회사는 작업목표를 달성하기 위해서 어느 직무에 어떤 자질을 갖춘 사원들이 몇 명이나 충원되어야 할 것인지를 결정해야 한다. 이런 결정을 위해서는 직무수행에 필요한 직무요건들이 무엇인지를 파악하는 직무분석(job analysis)을 해야 한다. 개인이 수행하는 일을 직무(job)라고 하기 때문에 조직 내에는 인원 수 만큼의 직무가 존재한다. 선발, 배치, 훈련, 인사고과 등의 인사결정을 위해서 직무의 내용을 분석하는 것이 직무분석인데, 분석 결과는 각종 인사결정에 활용할 수 있는 기초자료를 제공한다.

직무분석을 통해서 얻어야 할 정보의 내용은 다음과 같다. 직무의 목적 · 개요 · 방법 · 순서 등의 직무내용, 과제의 양이나 난이도 등의 직무부담, 온도 · 환기 · 소음 · 습도 · 먼지 등 작업장의 물리적 환경조건, 감전 · 폭발 · 화재 · 재해 · 직업병 등의 위험요인, 직무수행에 필

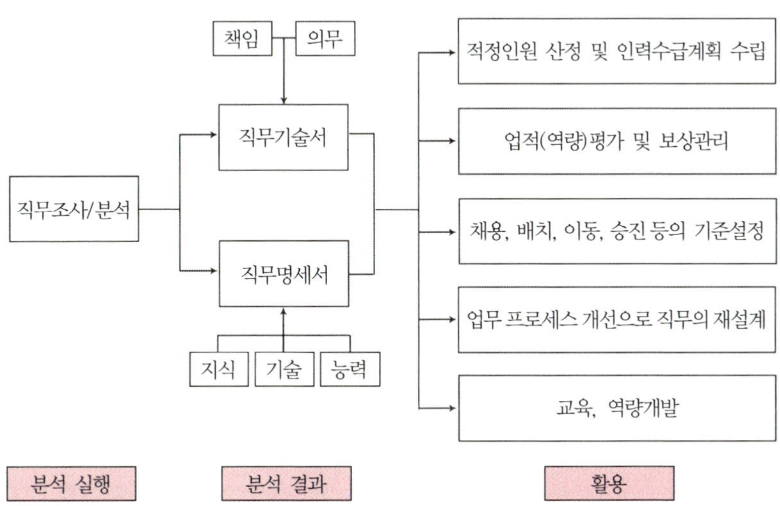

[그림 5-1] 직무분석과 활용

요한 체력, 직무지식 · 경험 · 의격증 · 성격 등의 직무요건, 직무를 수행하지 않았을 경우의 인적 · 물적 손해의 책임 및 감독책임 그리고 권한 등이다.

직무분석을 한 결과로 직무기술서(job description)나 직무명세서(job specification)가 작성되며, 이를 바탕으로 사원모집 광고의 지원자 자격요건을 명시하고, 지원자를 선발하기 위한 평가차원들을 결정한다. 조직목표를 달성하기 위해서 각 직무에서 필요한 인원과 현재 인원에 대한 비교가 이루어지면 직무별로 부족한 인원이 산출되고 충원할 인원에 대한 분석이 가능해진다. 각 직무별로 충원할 인원이 분석되면, 그 다음 단계인 직원 채용에 대한 광고 및 모집과정으로 진행된다.

[표 5-1] 직무기술서와 직무명세서 작성

구분	직무기술서	직무명세서
개요	- 직무수행과 관련된 과업 및 직무행동을 직무요건 중심으로 기술한 양식(직무특성을 기술) - 직무기술서의 내용은 특정 직무내용을 조직전체와 연계하여 기술	- 특성 직무를 수행하기 위해 요구되는 지식, 기능, 육체적 · 정신적 능력 등 인적요건을 중심으로 기술한 양식
포함 내용	- 직무명칭(Job Title) · 직무코드 - 직무의 소속 직군/직렬/직종 - 직무(직무등급) - 직무개요(Job Summary) - 직무를 이루고 있는 구체적인 과업의 종류와 내용 - 직무의 책임과 권한 - 직무수행방법 및 절차 - 보고채널 및 다른 직무와의 관계 - 직무수행시 사용되는 재료, 장비, 도구 - 직무의 투입물, 산출물 - 직업조건 - 업무상 대인관계, 대내외 접촉기관 - 직무수행자의 수	- 직무명칭(Job Title) · 직무코드 - 직무의 소속 직군/직렬/직종 - 요구되는 교육수준 - 요구되는 지식 - 요구되는 역량(Competency) - 요구되는 기능, 기술 - 요구되는 정신적 · 신체적 능력 - 요구되는 경험 - 인성/적성 - 가치 - 태도 - 성별 - 적정 연령 - 자격/면허
일반적 요건	- **명확성** : 특정 직무를 잘 모르는 사람도 쉽게 이해할 수 있도록 확실하게 작성 - **단순성** : 직무기술서를 보는 사람으로 하여금 시간 낭비가 없도록 간략하게 작성 - **완전성** : 특정 직무에 관한 모든 중요한 정보나 내용이 빠짐없이 포함되도록 작성 - **일관성** : 상호 모순된 내용, 의미 및 용어가 정리되어 일관성 있게 기술	

2 홍보, 채용공고 및 모집

홍보, 채용공고 및 모집과정은 회사가 신입사원을 통해서 충원해야 할 직무와 회사 정보를 제공하여 회사에 대해 지원자들이 매력을 느끼게 함으로써 선발하기에 충분한 지원자들을 확보하는 과정이다. 회사로서는 자질을 갖춘 신입사원을 선발하기 위해서 충분한 수의 지원자를 모집해야 한다.

지원자를 모집(recruitment)하는 수단은 신문광고, TV광고, 채용 대행기관, 인터넷 등을 통해서 한다. 회사는 잠재적 지원자들에게 회사를 매력적으로 보이도록 함으로써 많은 우수한 지원자를 확보하기 위해 노력할 것이다. 이 과정에서 회사가 과장된 홍보를 한다면, 지원자들이 회사에 대한 지나친 기대를 갖기 때문에 입사 후 현실에 실망하여 불만이 커지고 결국 이직률이 높아질 것이다. 실제로 2014년 한국경영자총협회 통계자료를 보면 많은 기업들이 신입사원을 채용한 1년 이내에 퇴사율이 25.2% 정도에 이른다고 한다. 특히 중소기업은 31.6%로, 대기업 11.3%보다 월등히 높게 나타났다. 중소기업의 근무 여건이 대기업보다 훨씬 열악해서 재취업에 나서는 비율이 그만큼 높기 때문인 것으로 분석된다.

이를 방지하기 위한 홍보방법으로는 사실적 직무시사(RJP: Realistic Job Preview)를 예로 들 수 있다. 사실적 직무시사는 인사선발을 하기 전 단계에서 잠재적 지원자들에게 직무 또는 회사의 긍정적 측면과 부정적 측면을 모두 사실대로 알려주는 방법이다(Premack & Wanous, 1985). 사실적 직무시사는 책자, 비디오테이프 또는 현장방문 등의 형태로 이루어지며, 직무의 좋은 점뿐만 아니라 그렇지 못한 측면들도 사실 그대로 설명한다.

사실적 직무시사는 처음부터 지원자들의 기대수준이 현실적이므로 궁극적으로 직무에 대한 만족 수준을 높이고, 불만족스러운 직무환경에 대한 사전 대처능력을 향상시키며, 회사가 솔직하고 개방적이라는 인상을 주기 때문에 효과적이다(Dugoni & Ilgen, 1981).

3 선발방법의 변화와 그 원인

사원채용 공고 후 모집과정을 통해서 충분한 지원자들이 확보되면 회사는 지원자들이 직무요건을 갖추었는지 평가하여 직무에 가장 적합한 지원자들을 가려내는 선발과정을 거친다.

1) 사원선발 방법의 변화와 추세

유기체(organism)가 환경과 상호영향을 주고받으면서 적응하며 살아가듯 사회적 유기체인 회사도 환경에 적응해야 한다. 조직환경이 바뀜에 따라서 회사의 특성과 작용 방식도 변화해야 한다. 최근 들어 산업체의 국내외 환경이 급격하게 변화함에 따라 회사들이 변화를 서두르고 있고, 이에 발맞추어 조직에서 요구하는 바람직한 인재상도 바뀌어 가고 있다. 생산기술의 발전에 따라서 산업구조가 3차 산업인 서비스 산업 및 지식기반 주도의 구조로 바뀌고 있을 뿐만 아니라 나라 안팎으로도 환경이 변화하고 있다. 조직 내부적으로는 의사결정의 합리성과 공정성, 참여와 민주화, 다원화를 향한 욕구가 커지고 있고, 조직 외적으로는 개방과 세계화에 따른 국가들 간의 자유경쟁이 고조되고 있다.

이제까지 제조업 중심의 산업화 사회에서는 표준화된 유형의 상품을 대량으로 생산하는 것이 사회발전의 근간이었다. 반면에 정보 및 지식기반 사회에서는 소비자의 다양한 욕구를 충족시킬 수 있는 유형 또는 무형의 정보를 창출하고 관리하는 것이 중요하다. 이런 사회에서는 새로운 정보를 창출할 수 있는 창의력과 정보를 관리하는 데 요구되는 정직성과 전문성, 그리고 급변하는 환경에 적응할 수 있는 유연성이 뛰어난 인재가 요구된다. 기업체에서 신입사원을 모집할 때 제시하는 바람직한 인재상은 종전처럼 능력이나 학력이 뛰어난 인재가 아니라 개성이 뚜렷하고 인간미와 협조 능력, 성실성과 국제 감각, 창의력을 갖춘 총체적 능력의 소유자이다. 한마디로 '난 사람보다는 든 사람'이 요구되는 사회이다.

이러한 산업환경의 변화에 따른 기업체 사원선발 과정의 특징을 보면 다음과 같다. 먼저 학력제한 철폐, 사회봉사 가산점수제, 필기시험 폐지 등에서 보듯이 학력보다는 직무능력, 인성 및 적성을 중시한다. 학과목을 나열한 필기시험보다는 심리검사와 면접의 중요성이 커지고 있으며, 특수한 분야의 기능적 전문가(specific functional specialist)보다는 변화하는 직무내용에 따라서 적응할 수 있는 일반 전문가(general specialist)를 요구한다. 능력도 일반능력보다는 구체적인 직무능력을 요구하며, 특히 실무적인 외국어 능력에 대한 요구가 커지고 있다.

채용 선발과정은 다단계식 선발과정을 선호한다. 서류전형, 1차 면접, 필기시험 및 심리검사, 2차 면접 등의 단계별로 진행되며, 각 단계마다 일정비율의 지원자들을 탈락시킨다. 그렇게 단계별로 선발함으로써 지원자 수를 줄일 수 있어 시간과 비용이 감소될 뿐 아니라 여러 단계에 걸친 의사결정으로 판단에 대한 강한 확신과 자신감을 가질 수 있다.

또 다른 추세로 최근에는 일시에 대규모로 신입사원을 선발하는 공개채용보다는 충원이 필요할 때마다 수시로 채용하는 방식이나 상시채용을 시도하고 있다. 사원을 모집하는 시기에 따라 채용유형을 정기채용(공채), 수시채용, 상시채용으로 구분한다. 정기채용은 연중 상반기와 하반기 등 특정한 시기에 정례적으로 모집하는 것이다. 수시채용

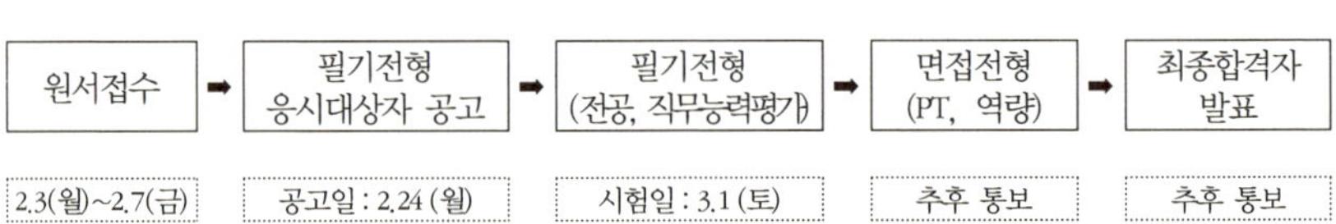

[그림 5-2] 한국도로공사 신입사원 채용절차(2014)

은 인원이 필요할 때마다 불특정 시기에 모집하는 것이다. 상시채용은 연중 또는 일정기간 동안 항상 사원을 모집하는 것이다.

오늘날은 기업이 정기채용이나 수시채용만으로 환경 및 조직변화에 따른 필요 인력을 적기에 공급받기 어렵다. 이런 상황에서 상시채용은 우수인력을 언제든지 확보하여 필요한 시기에 바로 공급할 수 있는 장점이 있다. 요즘 많은 기업들이 자사 인터넷 홈페이지를 통해서 채택하고 있는 '인력풀' 제도가 전형적인 상시채용 방법이다. 마감일이 따로 없고 항상 지원이 가능하기 때문에 구직자에게도 매우 유용하다.

상시채용은 정기채용 시즌에 자격을 갖추지 못했거나 준비가 되지 않은 구직자, 적성이 맞지 않아 입사 후 바로 퇴사한 사람들 중에서 유능한 사람을 채용할 수도 있다. 국가고시를 준비하거나 군복무 등으로 취업시즌을 놓친 구직자들도 정기채용 시까지 기다리지 않아도 되기 때문에 매우 유용하다. 특히 경력자 채용은 보통 수시채용을 이용하는데 그때마다 불특정 다수에게 채용공고를 한다고 하더라도 유능한 지원자를 확보하기가 쉽지 않고 비용도 많이 든다. 그러므로 기업이나 구직자 모두에게 상시채용은 매우 효과적인 모집방법이다.

반면에 상시채용에는 몇 가지 단점도 있다. 노동시장이 제도적으로 발달되어 있지 않거나 상시채용을 하는 기업의 정보가 구직자들에게 잘 알려져 있지 않을 경우에는 필요한 인재를 확보하기 어렵다. 또한 채용 후에 신입사원 훈련을 일관성 있게 실시하기 어려워서 사원들의 동료의식 조성, 사내 정보의 획득, 회사의 조직 특성 파악에 많은 시간이 걸릴 수 있다.

최근에는 신입사원 선발과정에서 제출서류, 특히 자기소개서의 중요성이 커지고 있다. 자기소개서에서 드러난 지원 동기, 장래 포부 등은 다음 단계인 면접의 기초자료로 이용된다. 행동과학적 인사관리의 필요성이 강조되면서 지원자의 자질을 객관적이고 과학적 방법으로 평가하기 위한 심리검사의 사용도 증가하고 있다. 예를 들면, 직무적성검사, 기초 직무능력평가시험, 종합적성검사, 인성검사 등을 회사가 자체적으로 개발하여 사용하기도 한다.

2) 국내 기업의 신입사원 선발방법 변화의 원인

이렇듯 최근 기업환경이 바뀜으로써 사원선발 방법이 변화하는 원인을 정리하면 다음과 같다. 첫째, 경제적 이유로 신입사원 선발절차에 드는 막대한 비용을 줄이기 위함이다. 선발절차의 간소화로 다단계식 선발과정을 채택함으로써 단계별로 지원자를 감소시켜 나가는 방식으로 전환되고 있다. 예를 들면 서류전형으로 선발인원의 3배수를 확보한 뒤 1차 면접과 필기시험에서 2배수를 남기고, 심리검사 및 2차 면접과 신체검사에서 최종 선발하는 방식으로 비용을 경감할 수 있다. 최근에는 인턴과정을 신설해서 신입사원이나 회사가 상호 현실적인 탐색과정을 제공하고 있다. 기존의 서류, 인성 · 적성검사, 면접 등 선발전형은 한정된 시간에 진행된다는 한계를 지닌다면 인턴과정은 회사와 사원 모두에게 서로를 더 잘 파악할 수 있는 기회다.

둘째, 기업들이 과학적 인적자원 관리를 추구하기 때문에 종전과 다른 사원선발 방법을 도입하고 있다. 선발과정은 지원자가 성공적으로 직무를 수행할 우수한 사원이 될 것인가를 행동과학적으로 예언하려는 노력이다. 사원선발 과정에서 심리검사 및 면접의 비중이 커지는 이유는 적성, 성격, 흥미, 가치관 등이 직무 성과를 예언하는 데 타당하다는 판단에 근거한다. 이러한 과학적 인적관리는 심리학과 같은 행동과

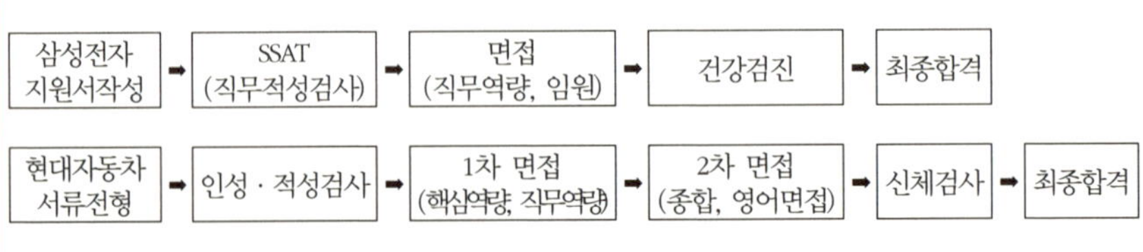

[그림 5-3] 삼성전자와 현대자동차 신입사원 선발절차

학의 도움을 필요로 한다.

선발은 예언변수로 준거 수준을 예언하는 것이다. 능력(학력)에 치우치기보다는 적성, 성격, 흥미를 함께 사용한다면 장차 직무수행을 더 잘 예언할 수 있다. 즉 중다회귀 모형을 이용한다면 예언변수들로 준거를 예언하는 과학적 인사결정의 타당성을 더 높여줄 것이다.

마지막으로 기술혁신 및 산업구조의 변화가 신입사원 선발방법을 변화시키는 하나의 이유이다. 급속한 기술변화에 처한 조직은 변화에 대한 적응력과 새로운 변화를 주도할 창의력을 지닌 사원이 필요하게 되었다. 직무의 내용이 변화하고 기존의 직업들이 사라지고 새로운 직업들이 창출되는 환경에서 특수한 분야에만 국한된 기능적 전문가(specific functional specialist)는 변화에 적응이 어려울 수밖에 없다.

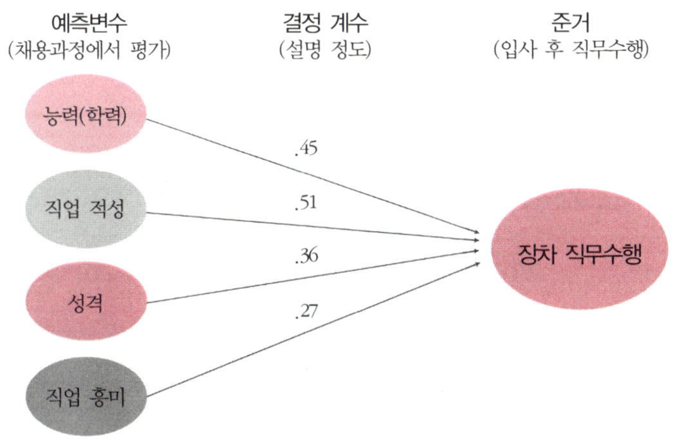

[그림 5-4] 중다회귀 모형과 채용 선발

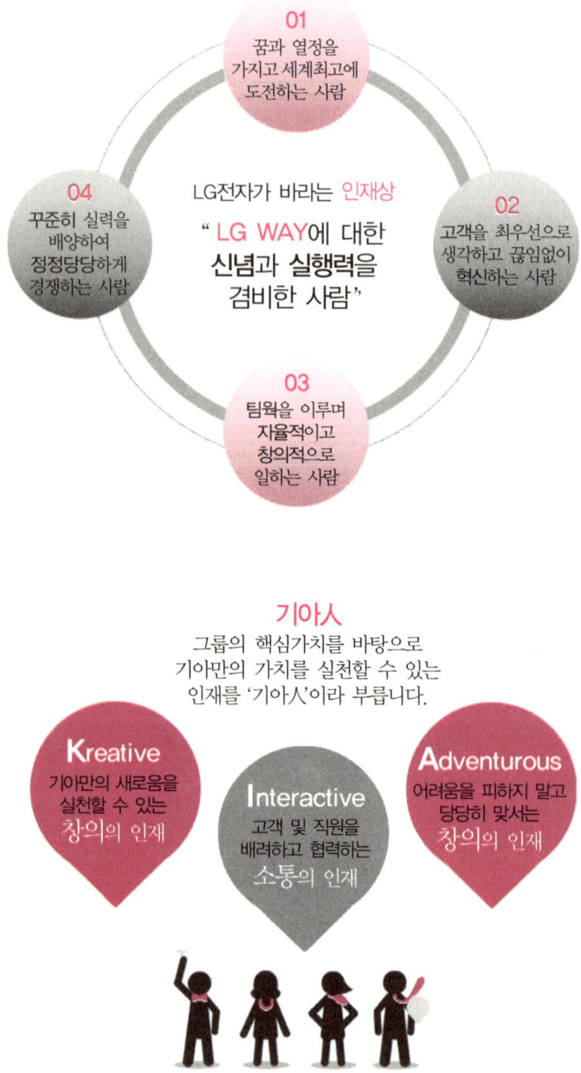

[그림 5-5] 엘지(LG)전자와 기아자동차의 인재상

4 선발과정의 심리학적 접근

1) 신입사원 선발용 심리검사

최근에 기업체의 신입사원 채용과정에서 과학적 인사관리의 중요성이 크게 인식되면서 지원자가 갖춘 직무요건을 과학적으로 평가할 수 있는 방법인 인성 및 적성검사 같은 인사심리검사와 표준화 면접의 비중이 커지고 있다. 여기서는 선발과정에서 사용되는 심리검사와 면접의 심리학적 원리를 논하고자 한다.

(1) 채용과정에서 심리검사를 사용하는 목적

사원선발과정에서 심리검사를 사용하는 목적은 검사결과로 지원자가 입사한 후의 직무수행을 예언하려는 것이다. 과거에는 단순히 학력이나 지적 능력 등이 우수한 지원자가 장차 우수한 사원이 될 것이라고 가정하는 능력(학력) 위주의 선발이 일반적이었다. 그러나 최고관리자나 인사담당자들에게 과학적 선발방법의 중요성이 인식되면서 인성, 적성, 실무능력 등 심리적 특성을 측정하는 다양한 선발용 심리검사들을 활용하고 있다.

사원선발 과정에서 심리검사 사용목적과 관련해서 한 가지 유의할 점은 선발용 심리검사이기 때문에 지원자들은 흔히 심리검사에서 높은 점수로 통과해야만 합격이 가능하다고 생각한다는 점이다. 따라서 직무인성 및 적성검사를 연습하고 가서 마치 시험을 대하듯 하는 경향이 있다. 그러나 실제로 대부분의 선발용 인성 및 적성검사는 부적격자를 가려내어 탈락시키는 방식의 방법으로 사용된다. 때문에 사원선발용 심리검사를 '선별검사(screening test)'라고 한다.

(2) 선발용 인사심리검사의 종류

신입사원 선발용 심리검사는 장차 우수한 사원이 될 지원자들의 자질을 평가하기 위한 일종의 예언변수들(predictors)이다. 그러므로 어떤 심리검사를 사용할 것인가는 사전에 평가하기로 계획된 지원자의 자질을 가장 잘 측정할 수 있는 심리검사 선정에 달려 있다.

신입사원 선발과정에서 기업체들은 능력검사와 성격검사들을 실시한다. 능력검사는 보통 지능이라고 알려진 일반능력과 직무능력, 특정한 직무나 직업에서 요구되는 개인의 잠재능력인 적성 등을 측정한다. 넓은 의미의 성격검사로는 인성검사, 직업 흥미검사, 태도검사, 가치관 검사, 욕구진단 검사 등의 다양한 심리검사들이 있다. 국내의 기업들이 사용하는 대표적인 선발용 심리검사들과 그 검사들이 측정하는 내용은 대체로 다음과 같다.

실무능력검사나 적성종합검사는 기초능력과 사회적 능력을 측정하는 하위검사로 구성되어 있다. 구체적으로 기초능력은 어휘의 풍부함, 문장해독 및 구성능력을 측정하는 언어적 능력검사와 숫자계산, 사물을 논리적으로 생각하는 능력을 측정하는 수리적 능력검사를 포함하고 있다. 그 밖에 사회적 능력은 사회적 기능검사와 타인행동의 의미와 상황 전체를 정확히 파악하는 상황판단력검사, 사회생활에 필요한 상식과 사회정보의 양 등 사회적 상식을 측정하는 하위검사들로 구성되어 있다.

특별히 관리자를 선발하려는 목적으로 사용하는 관리행동개발 검사는 관리자 성격검사, 관리 관심검사, 관리행동경향 검사로 구성되어 있다. 관리자 성격검사는 지배성, 사교성, 활동성, 공격성을 측정하는 행동력 검사와 객관성, 안정성, 명랑성, 자기-신뢰성을 측정하는 정서안정성검사, 그리고 사고성과 낙관성을 측정하는 사고력 검사로 구성되어 있다. 관리관심 검사는 업적-인간성, 집단-개인, 결과-과정, 이론-실천, 진보-보수의 양극을 이루는 차원들을 측정하는 가치관 검사와 일 계획, 부하 지도, 일 평가를 측정하는 관리행동검사가 포함된다. 마지막으로 관리행동경향 검사는 조직목표 지향도, 업무 열중도, 관리 활동 인식도를 측정하는 관리의 기본자세와 업적-작업자, 통합도, 업적 중심도 및 작업자 중심도를 측정하는 실제적 관리행동을 측정한다.

그 밖에 특정 직업이나 직무에서 요구되는 개인의 행동선호경향을 측정하는 직업흥미검사, 개인의 독특한 행동 특성이나 경향성을 측정하는 인성 또는 성격검사, 가치관과 직업태도검사 등이 선발용 인사심리검사로 많이 사용된다.

(3) 국내 기업들의 사원선발용 심리검사 사용실태

국내 기업체들 신입사원 선발과정에서 다양한 방식으로 심리검사를 이용하고 있고, 대기업의 경우에는 자체적으로 개발한 선발용 인성 및 적성검사를 사용하고 있다. 이런 심리검사들을 흔히 직무인적성검사라고 부른다. 예를 들면 삼성그룹의 SSAT(Samsung Aptitude Test), 두산그룹의 DCAT(Doosan Comprehensive Aptitude Test), SK그룹의 SK종합적성검사, LG의 RPST(Right People Selection Test), 현대그룹의 HKAP(Hyundai Kia Aptitnde Test) 등이 그것이다.

삼성의 SSAT는 기초능력검사와 직무능력검사로 구성되어 있다. 기초능력검사에는 언어 및 수리 추리검사가 포함되어 있고, 직무능력검사는 상식, 상황판단 검사 및 인성검사로 알려진 UK검사로 구성되어 있다. 두산그룹의 DCAT는 언어논리, 수리해석, 기계이해, 공간지각 및 언어유창성 검사로 구성되어 있다. SK그룹의 SK종합적성검사는 적성검사와 인성검사로 구성되어 있다. LG그룹의 RPST는 승부의욕, 대인관계, 커뮤니케이션 능력, 기계 및 과학에 대한 흥미도 등을 측정한다. 그러나 대부분의 기업체들은 자체 개발 검사보다는 기존에 이미 표준화된 검사를 사용한다.

[표 5-2]는 국내 기업들이 대졸신입사원 채용과정에서 사용하는 UK

[표 5-2] 국내의 사원선발용 심리검사 사용기업 및 실시기관 현황

UK검사 실시기업
ADT 캡스, 일신방직, 대림 I&S, 현대백화점, 현대하이라이프 손해사정(주), 에버랜드 리조트, 경찰청, 아이마켓코리아, 썬앳푸드, GS그룹, 세메스, 삼성그룹 계열사, 한국토지공사, 롯데호텔, 대한토지신탁, 풍림산업, 써니전자, 코스닥 외 약 100개사

※ 출처 : 한국능률협회(2011)

검사 실시기업을 정리한 것이다. 그리고 심리검사들 중에서 대표적인 몇 가지 선발용 검사의 특징과 활용에 대해 설명하면 다음과 같다.

국내 기업 및 관공서 등에서 많이 사용하고 있는 UK검사(Uchida-Kraepelin Mental Test)는 독일의 정신과 의사 에밀 크레펠린(Emil Kraepelin)이 개발한 연속가산법을 일본의 우치다가 완성한 종합심리검사이다. 115개의 한 자리 숫자들을 전반부와 후반부에 각각 17행씩 나열하여 매행 1분씩 전반과 후반으로 나누어 각각 15회 실시하는데, 전반과 후반 사이에 5분간의 휴식이 있다. 사원선발에서 이 검사 불합격 판정률은 약 5~7% 정도이다. 국내에는 1970년대에 도입되어 사용하고 있다.

V-CAT(Vitalization & Character Analysis Test)는 UK검사를 보완한 것으로 115개 숫자 30행으로 구성되어 있다. 여기에 68개 문항을 추가하여 실시하며, 이 검사의 불합격 판정률은 10~20% 정도이다.

RPA(Recruit Test of Psychology & Aptitude)는 직무적성, 능력, 정서, 의욕, 행동의 5개 하위검사로 구성되며 총 360개 문항으로 되어 있다. 기호조립검사, 질문지검사, 도형검사, 자기-진단검사와 함께 사용한다. 이 검사에서의 불합격율은 약 30%이며, 이 가운데 70%는 필기시험, 면접과 관계없이 검사 결과만으로 탈락한다.

KPI(Korean Psychological Inventory)는 세계적으로 가장 대표적인 표준화 성격검사인 CPI(California Psychological Inventory)를 한국판으로 표준화한 성격검사이다. 이 검사는 정상적인 성인을 대상으로 실시하며 대인관계, 사회적 성숙도, 성취능력과 지적 효율성, 지적 양식과 흥

UK검사

성 별		나 이	
성 명		주민번호	
학 교		소 속	
검사횟수			

5 10 15 20 25 30 35 40 45 50 55 60 65 70 75 80 85 90 95 100	오답	실수	계
14325432785434327898765437843243214378936289685431354265478899132432898965454789321343265317896541451			
13546543543654789654389525425547543242432345698457654326541278764365789354378954321543543764327627765			
54327854343278987654378432432143789362892345698457654326541278764365789352345698457654326541278764332			
23456984576543265412787643657893523452345698457654326541278764365789356984576543265412787643657893584			
13546543543654789651354654354365478913546543543654789656513546543543654745765432654127876436578938925			
65478965135465435436547891354654354365478965651654789651358432432143789362896854313542654746543543675			
84324321437893628968543135426547843243214378936289685431396565135465435436547457654326541278764542689			
96565135465435436547457654326541278764965651354654354365474576543265412787649656513546543543654745775			
35465435436547457654326541278764965651354654354365474576535465435436547457654326541278764965651354657			
43243214378936289234432432143789362892345698457654324324321437893628923456984576543256984576543243235			
5 10 15 20 25 30 35 40 45 50 55 60 65 70 75 80 85 90 95 100			
35465435436547457654326541278764965651354654354365474576535465435436547457654326541278764965651354686			
13546543543654789654389525425547543242432345698457654326541278764365789354378954321543543764327627758			
54327854343278987654378432432143789362892345698457654326541278764365789352345697654326541278764367473			
23456984576543265412787643657893523452345698457654326541278764365789356984576543265412787643657893572			
13546543543654789651354654354365478913546543543654789656513546543543654745765432654127876436578938939			
65478965135465435436547891354654354365478965651654789651358432432143789362896854313542654746543543685			
84324321437893628968543135426547843243214378936289685431396565135465435436547457654326541278764542655			
96565135465435436547457654326541278764965651354654354365474576543265412787649656513546543543654745738			
35465435436547457654326541278764965651354654354365474576535465435436547457654326541278764965651354675			
43243214378936289234432432143789362892345698457654324324321437893628923456984576543256984576543243285			

[그림 5-6] UK검사지

미형태의 4개 하위검사로 구성되어 있고 총 480문항으로 되어 있다. 지나치게 말이 앞서거나, 의욕이 부족하거나, 실수가 너무 많아서 채용 부적격자로 판정되는 비율은 약 15~20% 정도이다. 한국행동과학연구소(KIRBS)가 제작한 KIRBS 적성검사는 어휘력, 지각력, 판단력 등 8개 요인을 측정하며 총점 600점으로 직무능력을 평가한다.

우리나라의 노동부, 경찰청, 국방부 같은 정부기관에서도 선발용 심리검사를 자체적으로 개발해서 사용한다. 노동부에서는 직업지도를 위한 직업심리검사를 개발하여 직업적성 및 직업흥미를 측정하여 구직자나 직업훈련생들이 직업을 선택하는 데 도움을 준다. 그 외에도 구직자와 학생들에게 실시할 목적으로 일반 직업적성검사, 직업흥미검사, 직업선호도검사를 개발했다. 경찰청에서는 우수한 경찰공무원을 선발할 목적으로 '한국 산업 및 조직심리학회'에 의뢰하여 경찰적성검사를 개발하여 사용하고 있다. 경찰적성검사는 성격검사, UK검사, 일반능력검사, 흥미검사, 전기적 자료검사로 구성되어 있다.

(4) 선발용 심리검사 사용상의 문제점

국내에서도 사원선발용 심리검사를 본격적으로 사용한 지 30여 년 이상이 되었다. 많은 검사들이 개발되어 사용되고 있고, 현재는 대다수의 기업들이 선발용 심리검사를 사용하고 있다. 그만큼 사원선발과정에서 심리검사가 보편화되었다. 그럼에도 불구하고 심리검사의 사용에는 검사에 대한 남용과 오용에 따른 많은 부작용과 문제들이 있다.

차정은(1998)은 정부 및 민간기업에서 사용되고 있는 선발용 심리검사 실태를 정리하면서 문제점들을 다음과 같이 지적했다. 무엇보다도 중요한 문제점은 선발용 인사검사를 개발하고 사용하는 데 있어서 자질을 갖춘 심리검사 전문요원이 부족하다는 점이다. 그리고 심리검사에 대한 연구 및 개발도 부진하다. 특히 검사개발과정에서 표준화집단 설정이 적절하지 못한 검사들이 많고 검사의 타당화 연구가 미비한 점이다.

이런 지적들을 고려할 때, 심리검사의 사용에 있어서 연구자들의 노력과 산학협동을 통해 해결해야 할 최소한의 몇 가지 과제들을 안고 있다. 첫째, 대학(원)에서는 자질을 갖춘 심리검사 전문요원을 양성해야 한다. 둘째, 정부기관이나 기업체들은 검사를 활용하기 위해서 자체적으로 검사전문가를 직원으로 채용하거나 외부 전문가의 자문을 얻어야 한다. 셋째, 기존의 검사를 사용하든 자체 개발한 검사를 사용하든 검사의 신뢰성과 타당성에 대한 과학적 증거들을 확보하는 노력을 게을리하지 않아야 할 것이다. 다행스럽게도 최근에는 기업체들과 노동부 같은 정부의 관련부서에서 채용검사 개발의 필요성을 크게 자각하고 있고, 실제로 검사개발에 많은 노력을 하기 시작했다.

회사로서는 검사를 통해서 지원자들이 갖춘 직무능력과 심리적 특성에 대한 정확한 정보를 얻어야만 올바른 결정을 할 수 있다. 만약 지원자가 성격검사에서 자신을 바람직하게 보이도록 속임수를 쓴다거나 직무능력검사의 문항내용을 미리 알고 사전에 준비를 한다면 회사는 선발검사의 목적을 제대로 달성할 수 없다. 그 결과는 회사뿐만 아니라 개인에게도 불행할 수밖에 없다.

예를 들어 지원한 회사에서 실시하는 직업적성검사를 사전에 연습해서 높은 검사점수를 얻은 지원자가 있다고 가정하자. 사전연습 덕택에 직무적성검사의 모든 하위검사에서 높은 점수를 얻은 그 개인은 합격할지 모르지만, 회사에서는 그 사람이 모든 분야에서 검사점수가 탁월하므로 그가 원하지 않거나 또는 실제로 능력이 미치지 못하는 부서에 배치할 수 있다. 오래지 않아 회사로서는 그의 직무수행 수준이 기대보다 낮아서 실망할 것이고 별도의 직무훈련을 시키기 위해서 추가적인 비용을 들여야 한다. 개인은 능력이 미치지 못하거나 적성에 맞지 않는 직무로 인해 심하게 직무스트레스를 받을 것이며, 어쩌면 회사를 그만두어야 할지도 모른다. 만일 그렇다면 회사는 채용 및 훈련에 든 비용을 낭비한 셈이고, 개인도 새로운 직장을 찾기 위해서 다시 많은 시간과 노력을 들여야 한다.

(5) 선발용 심리검사 수검자가 주의할 점

지원자는 흔히 직무 인성 · 적성검사로 알려진 선발용 심리검사의 목적을 바르게 이해해야 한다. 선발검사는 직무에 적합한 지원자를 찾아내는 데 목적이 있다.

신입사원 선발과정에서 심리검사는 사실상 바람직하지 않은 지원자를 추려내기 위한 목적으로도 사용된다. 능력검사의 경우에는 개인별 검사점수에 따른 개인 간 비교가 가능하다. 만일 지원자가 검사에서 요구하는 최소한의 점수에 이르지 못하면 탈락시킬 것이다. 성격검사의 경우에는 개인별 점수 비교가 사실 무의미한데 어떤 기준을 넘어서는지 미치지 못하는지에 따라서 받아들이기 힘든 개인을 가려내는 목적으로 사용된다. 그렇기 때문에 선발용 심리검사를 받을 때 지원자는 당황하거나 불안해할 필요 없이 침착하게 행동해야 한다. 일반적으로 바람직하지 않은 자를 찾아내는 선발검사에서는 특이한 지원자를 가려내는 것이므로 대부분의 지원자들은 문제가 되지 않는다.

지원자는 검사에 대해서 주관적으로 판단하고 오해하여 의도적인 반응을 하지 말아야 한다. 각종 성격검사에서는 거짓반응을 알아내는 문항들이 있다. 구체적으로 예를 들면, 국내의 많은 기업체에서 사용하는 UK검사에서는 지시에 따르지 않는 사람을 알아내어 정직성이 의심스런 지원자를 가려내기도 한다. 능력검사의 경우에 모르는 문항에 대한 섣부른 응답은 채점과정에서 감점될 수도 있다. 그러므로 지원자들이 심리검사를 받을 때 가장 바람직한 태도 및 전략은 자신을 있는 그대로 솔직하게 나타내도록 응답하는 것이다.

2) 채용면접

면접은 학점, 외국어 점수 등의 서류전형으로는 파악하기 힘든 지원자의 역량과 인성 등을 직접 관찰을 통해서 평가할 수 있기 때문에 기업체들은 사원채용 과정에서 면접의 비중을 점점 더 높이고 있다. 온라인 취업포털 '사람인(www.saramin.co.kr)'은 2014년도 상반기 신입채용을 계획하고 있는 162개 기업체를 대상으로 '신입채용 평가기준'에 대해 조사했다. 그 결과 42 대 58로 서류보다 면접 비중이 더 높았다.

최근에는 단계별 채용절차가 도입되면서 모든 단계가 채용에 중요성을 지니게 되었고, 특히 면접은 일반적으로 최종 단계에서 이루어지기 때문에 지원자들에게는 가장 중요하다. 그러나 면접은 다양한 형식과 내용뿐 아니라 판단 근거 등이 잘 알려져 있지 않기 때문에 면접에 대한 사전 준비가 취업 성공에 매우 중요하다.

(1) 사회적 정보처리과정으로서의 면접

채용면접은 면접자와 지원자가 상호정보를 수집하고 판단하는 양방향 정보처리과정이다. 면접자는 대면(face to face) 상황을 통해서 지원자에 대한 생생한 자료를 추가로 수집하고 판단할 수 있다. 지원자는 면접과정을 통해서 자신이 지원한 직장과 직무에 대한 직접적인 정보를 얻을 수 있다.

면접자는 정보를 수집하는 역할과 수집된 정보를 바탕으로 판단하는 두 가지 역할을 동시에 하지만, 정보수집과 판단역할을 별도로 나누어서 하나만 수행하기도 한다. 실무에 종사하는 조직관리자나 인사담당자들은 사원선발 도구로서 면접의 사용과 그 효과를 당연시하고 있으나, 전통적으로 산업심리학자들은 종래의 채용면접 타당성에 대하여 회의적인 견해를 보인다.

면접의 효용성에 대한 카슨(Carson, 1972)의 주장에 따르면 면접의 타당도 계수가 .15에서 .25에 머무르고 있어서 현장에서 기대하는 것에 비해서 회의적이다. 국내 기업체나 정부조직 등에서도 신입사원 채용과정에서 면접의 비중이 커지고 있는 반면 그 효과에 대한 객관적 검증이 미흡한 편이다. 그럼에도 불구하고 채용과정에서 면접의 중요성이 커지는 이유를 아베이와 캠피온(Arvey and Campion, 1982)은 두 가지로 설명하고 있다(성균관대학교 산업심리학과, 1995).

첫째, 면접의 타당도 계수가 낮기는 하지만 면접은 상당히 타당성이 있는 것으로 생각된다. 그러나 면접의 타당성을 측정해낼 수 있는 방법론의 문제와 조사의 한계 때문에 면접의 타당성을 정확하게 측정할 수 없을 뿐이다. 둘째, 면접 관련 인사실무자들은 면접에 대한 상당한 자신감과 확신을 지니고 있다. 서류전형, 심리검사보다는 면접자가 직접 지원자를 만나서 생생한 정보를 얻고 판단하기 때문에 면접에 대한 확신과 자신감을 갖게 된다. 그뿐 아니라 지원자들이 회사의 매력, 지원한 직무에 대해서 부여하는 가치 등에 대한 정보를 얻을 수 있기 때문에 면접은 더 매력적이고 중요하다고 생각할 수 있다.

(2) 면접의 유형

채용면접에는 개인면접과 집단면접, 표준화 면접(구조화 면접), 집단토론식 면접, 상황면접, 현장면접, 심층면접, 무자료 면접, 압박면접, 합숙면접, 프레젠테이션 면접(PT면접) 등이 있다. 면접의 유형을 분류하는 기준도 매우 다양하다.

개인면접(단독면접)은 면접자 1명과 지원자 1명이 단독으로 대면하는 가장 보편적인 면접이다. 시간 소요가 많으나 지원자 개인을 집중하여 관찰할 수 있다. 집단면접은 다수의 지원자와 다수의 면접자가 함께 대면하여 진행하므로 시간이 절약되고 지원자들을 직접 비교할 수 있는 장점이 있다. 그러나 같은 질문에 여러 지원자가 대답하므로 순서효과나 타 지원자와 비교되는 대비효과 등이 우려된다. 심층면접은 한 명의 지원자에 대해서 다수의 면접자가 다양한 측면에서 구체적인 질문을 하는 형식으로 진행된다. 지원자를 여러 측면에서 관찰할 수 있기 때문에 더 객관적이고 깊이 있는 평가가 가능하다.

토론면접은 전공과 관련된 찬반 양론이 가능한 하나의 주제를 놓고, 5~10명의 다수의 지원자들이 주장과 반박을 통해서 토론하는 과정을 면접자(들)이 관찰하면서 진행된다. 특히 지원자들이 현장에서 직면할 수 있는 문제를 집단으로 해결하는 리더 없는 집단토의(leaderless group discussion; LGD) 등은 논리력, 사고력, 의사소통 능력 등을 평가한다. 프레젠테이션 면접에서는 전문성 있는 주제에 대해서 지원자가 자신의 의견이나 지식을 발표하여 면접자들로부터 평가를 받는다. 이 면접에서는 실무능력, 창의성, 전문성 등을 평가한다.

압박면접은 면접자가 의도적으로 지원자의 약점을 공격하여 심한 스트레스를 유발한다. 공격하거나 화를 내거나 긴 침묵을 통해서 지원자를 긴장하게 하여 인내력, 자제력, 판단력, 스트레스 대처능력 등을 관찰한다.

합숙면접은 1박 2일 또는 2박 3일간 일정한 장소에서 지원자들을 24

시간 평가하는 면접이다. 면접기간에 레크리에이션, 미션 같은 활동을 통해서 지원자들의 인성, 과제 해결능력, 위기대처 능력, 적극성, 성실성, 리더십 등을 평가한다. 그 외에도 면접자가 지원자에 대한 사전정보를 전혀 보지 않고 면접하는 무자료 면접(blind interview), 공간을 제한받지 않고 다양한 상황에서 자연스럽게 진행되는 호프집 면접, 운동 면접 등이 있다. 또한 입사지원자들의 미각과 후각을 테스트하는 실무형 이색 면접 등 구직자들을 다각도로 평가한다.

[그림 5-7] SPC그룹의 관능면접

※ 출처 : SPC그룹

이처럼 채용면접은 그 유형이 다양하지만 여기서는 면접과정과 내용이 구조화되어 있는 비구조화 면접과 반구조화 면접, 표준화 또는 구조화 면접으로 구분하여 각각 그 특징들을 살펴보고자 한다.

① 비구조화 면접

전통적인 면접인 비구조화 면접(unstructured interview) 또는 자유면접(free interview)에서는 질문의 형식, 내용 및 절차 등이 전적으로 면접자에게 맡겨진다. 비구조화 면접은 상황에 따라서 면접자가 유연하게 면접을 이끌어갈 수 있는 장점이 있으나 면접자들마다 수집한 정보의 내용이 다를 수 있고 일관성이 없어서 지원자들을 객관적으로 비교하기 어려운 단점이 있다. 면접판단 결과도 면접자의 특성, 편견, 주관적 해석 등에 의해서 영향을 많이 받기 때문에 면접자 간 판단의 신뢰도가 낮고 예언 타당도 역시 낮다.

② 반구조화 면접

반구조화 또는 반체계화된 면접(semi-structured interview)은 전체적인 질문내용이나 형식에 대한 대략적인 지침이 사전에 정해져 있으나, 면접에서의 구체적인 질문내용이나 형식은 면접자의 재량에 어느 정도

맡겨지는 형식의 면접이다. 비구조화 면접처럼 면접자의 편향적 판단 같은 문제점을 지니고 있으나 면접자의 재량권으로 지원자에 따라서 적절한 심층적인 질문을 할 수 있는 장점이 있다.

③ 표준화 또는 구조화 면접

표준화 또는 구조화 면접(the standardized or structured interview)에서 면접자는 잘 준비된 질문의 주제와 내용, 형식, 순서에 따라서 면접을 진행한다. 면접절차가 표준화되어 있어서 지원자에 대해 판단할 때 면접자의 주관이 영향을 미치지 못하도록 설계되어 있다. 일반적으로 구조화된 면접은 면접문항들이 인쇄된 질문지에 따라서 진행되며, 정해진 판단양식에 의해서 채점된다. 이 면접은 비구조화 면접에 비교해서 지원자들 간의 비교가 가능한 분명한 근거가 있기 때문에 예언 타당도가 높다. 반면에 면접내용, 절차, 조건, 평정체계 등을 개발하는 데 많은 노력과 비용이 요구된다. 그뿐만 아니라 면접자들이 표준화 절차에 익숙해지도록 훈련의 필요성이 있다.

(3) 채용면접에서의 평가요인

회사나 직무에 따라서 인재상이 차별화되기 때문에 면접에서 지원자를 판단하는 데 사용하는 평가요인들은 회사나 직무에 따라서 달라진다. 그러나 일반적인 평가요인들은 대체로 인성과 적성, 실무 능력, 잠재적 성장 가능성과 역량으로 구분된다. 구체적으로는 외모를 통한 건강상태, 인상, 태도, 복장, 이해력과 표현력 등의 의사소통 능력, 리더십, 정서 안정성, 창의력, 조직 적응력, 임기응변 능력, 성실성, 진취적 사고, 협동심, 가치관 등으로 열거할 수 있다. 다음 표는 채용면접 평가요인을 예시한 것이다.

[표 5-3] 국내 기업체의 채용면접 평가요소 및 내용의 예

구분	연령	내용
관찰 평가 요소	- 건강 : 좋은 혈색, 건강한 인상 - 복장 : 청결, 단정, 밝고 젊은 분위기 - 태도 : 침착하고 편안한 자세, 안정된 인상	
인격 평가 요소	- 젊음과 패기 : 신선한 감각과 발랄한 이미지 - 명랑성 : 내향적보다 외향적 성격 - 협조성 : 원만한 성격, 중용적 사고방식, 인화적 태도 - 대화법 : 간단 명료하고 확실한 의사 표시	
내용 평가 요소	국제화	- 해외여행(배낭여행)이나 어학연수의 경험 유무 - 응시 회사와 경쟁관계에 있는 세계적인 기업의 이름 - 국제화 시대 개인이 갖추어야 할 덕목 - 외국어 능력
	인성 (성격)	- 부모나 선배 등과 견해 차이가 있을 경우 대처방법 - 시간과 인내력의 상관관계 - 가장 좋아하는 인간형과 싫어하는 인간형 - 자신의 단점 극복하기 위한 노력 유무 - 곤란한 상황에서의 성격 발현
	가치관	- 가정과 직장의 관계 - 가훈 - 본인의 인생에서 가장 중요한 것 - 가장 존경하는 인물 - 개인적인 봉사활동 경험
	전문성	- 전공을 선택한 이유 및 전망 - 자신의 전공 분야를 간략하게 소개
	사고력	- 21세기 가장 큰 사회변화 - 일의 과정과 결과 중 중요한 것
	적극성 및 리더십	- 동아리 활동 경험 유무 - 아르바이트 경험 유무 - 반대 의견 수렴, 제어 능력 - 친구와 의견이 대립되었을 때의 태도
	적응력	- 상사의 지시가 마음에 들지 않는다면? - 개인적으로 중요한 약속이 있을 때 업무 지시를 받는다면? - 지금까지 가장 힘들었던 일과 해결 사례 - 술자리에서 무례한 동료에 대한 대처방법 - 갑자기 지방으로 발령이 난다면?

내용 평가 요소	프로 정신	- 자신의 경력개발 계획은? - 한 가지 일에 몰두해본 적 있는가? - 타인과는 다른 시각의 접근으로 성공한 사례가 있는가? - 합격한다면 언제까지 회사를 다닐 생각인가? - 업무의 성취감과 높은 급여 중 어느 것을 택하겠는가?
	창의력	- 본인이 인사담당자라면 인재 선발 시 어떤 방법으로 채용하겠는가? - 새로운 것에 대한 도전 또는 변화를 좋아하는가? - 만약 복권에 당첨되었다면?
	진취성	- 갑자기 해외 오지로 발령 났을 때 최소한의 짐만 허용이 된다면 어떤 것을 가져갈 것인가? - 근무시간 중에 처리할 수 없는 업무를 지시받았을 경우 대처법 - 유행이 지난 물건 100개를 팔아오라고 한다면?

(4) 면접자의 판단 오류

사람에 대한 판단은 객관적 사물에 대한 판단과 달리 매우 복잡하고 어려워서 왜곡되기 쉽다. 특히 채용면접에서 지원자들은 최선을 다해서 자신이 직무에 가장 적합한 사람으로 보이도록 과장하기 때문에 면접자가 짧은 시간에 지원자를 판단하기 어렵다. 여기서는 채용면접에서 일어나는 대표적인 면접자의 판단오류 유형들과 그 밑에 숨어 있는 대인지각(interpersonal perception)의 심리적 원리들을 밝히고, 이에 대한 지원자나 면접자의 전략을 살펴보기로 한다.

① 고정관념

고정관념(stereotype)은 특정집단에 대한 도식이 그 집단에 속한 개인에게 일반화되는 대인지각의 왜곡현상이다. 예를 들면 1988년도 서울올림픽 경기 이후로 전 세계인들은 한국 태권도에 매료되었고, 한국인은 모두 태권도를 할 줄 안다고 생각하는 것이다. 여러분이 해외 파견근무를 한다면 현지인들은 여러분을 태권도 사범으로 모실지도 모른다. 한편 고정관념 중에서 특정집단에 대한 적대감 같은 부정적인 태도가 그 집단의 특정한 구성원에게 적용되기도 하는데 이를 편파 또는 편견(bias)이라고 한다. 예를 들면 직장에서의 성차별, 사회적 인종차별, 고질적인 지역감정 등을 유발하는 심리적 과정이 편견이다.

채용면접 과정에서 면접자는 자신이 이상적이라고 생각하는 지원자의 모습을 그리면서 실제 지원자를 이와 비교해서 평가하는 경향이 있다(Schmitt, 1976). 면접자들이 지원자들에게 기대하는 이상적인 인재상은 일종의 고정관념이다. 이러한 면접자의 고정관념은 실제 특정 지원자와 일치하기도 하지만 대부분은 차이를 보인다(McCormick & Ilgen, 1980). 면접자는 자신이 생각하는 이상적인 인재의 모습과 실제 지원자가 일치하는 정도에 따라서 평가하기 때문에 면접자마다 평가결과가 달라져 지원자들 간의 비교를 곤란하게 만들거나 평가에 왜곡이 일어난다. 구체적으로 보면 이상적 지원자의 상과 실제 특정 지원자가 유사할수록 면접자는 그 지원자를 더욱 이상적인 인재상에 가까운 것으로 판단하는 동화(assimilation) 효과가 일어나거나, 반대로 지원자가 이상적인 지원자의 상에서 멀어질수록 그 지원자를 더욱 이상적인 인재상과 거리가 멀다고 판단하는 대비(contrast) 효과가 나타난다.

그러므로 지원자는 사전에 자신이 지원한 회사에서 기대하는 이상적인 사원의 상이 어떤 것인지를 파악할 필요가 있다. 회사로서도 면접자들이 이상적인 사원에 대한 기대가 달라서 판단의 차이가 커진다면 올바른 선발을 할 수 없다. 따라서 채용면접 전에 면접자들에 대한 훈련을 통해서 바람직한 사원의 상을 어느 정도 일치시켜야 한다.

[그림 5-8] 편견의 사례
한국판 〈로미오와 줄리엣〉을 다룬 영화 〈위험한 상견례〉는 우리 사회에 만연되어 있는 지역감정, 성차별, 학력차별, 외모 지상주의 등은 편견에 따른 차별행동의 예이다.

② 후광효과

사람들은 일반적으로 첫 대면에서 타인의 긍정적인 특성 하나를 발견하면, 그 사람이 또 다른 좋은 특성들도 지니고 있을 것으로 판단하는 경향이 있다. 이렇듯 어떤 사람이 가진 두드러진 특성이 그 사람의 다른 특성을 평가하는 데 전반적인 영향을 미치는 것을 후광효과(halo effect)라고 한다.

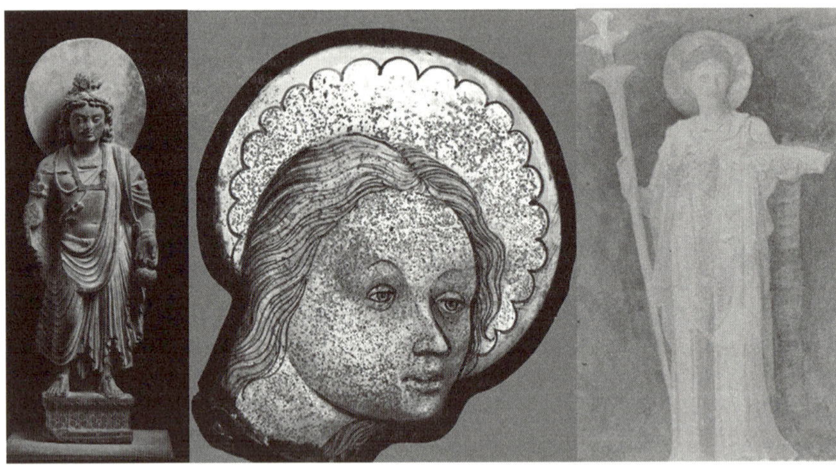

[그림 5-9] 후광
부처의 몸에서 비치는 광명의 빛을 형상화한 불상 뒤의 둥근 금빛테, 기독교 성화 인물을 감싸는 금빛을 말한다.

한 가지 좋은 특성으로 인해 대부분을 긍정적으로 판단하는 후광효과는 '정적 후광(positive halo) 효과'라고도 한다. 반면에 좋은 특성이 오히려 상대방에 대한 부정적 평가를 하게 만들면 '부적 후광(negative halo) 효과'라고 한다. 디온(Dion, K.), 버시드(Bersheid, R.S.)와 월스터(Walster, E.)는 1972년의 한 연구에서 대학생들에게 사전 지식이 전혀 없는 인물들에 대한 사진을 먼저 보여주었다. 한 집단에게는 매력적인 인물사진, 다른 집단에게는 보통의 인물사진, 또 다른 집단에게는 비매력적인 인물사진을 보여주었다. 그리고 이들의 성격 바람직성, 지위, 결혼생활의 유능성, 부모역할의 유능성, 직업만족, 행복지수, 결혼 가능성

등을 평가했다. 그 결과 사진인물이 매력적일수록 성격이 바람직하고, 직업적 지위가 높고, 더 행복하고, 결혼 가능성도 더 큰 것으로 평가되었다. 긍정적 특성 하나가 그 사람이 또 다른 긍정적 특성들도 지닌 것으로 지각하게 만들어서 정적 후광효과를 확인했다.

채용면접 과정에서 면접자가 사전 정보 없이 지원자의 바람직한 한 가지 특성을 알게 되면, 그 지원자가 실제 그렇지 않을 수 있음에도 불구하고 또 다른 좋은 특성들을 지니고 있는 것으로 판단한다. 예를 들면, 면접자가 지원자에 대한 아무런 정보 없이 면접장에서 지원자를 처음 봤을 때 지원자의 외모가 단정하고 깔끔하다면 긍정적으로 판단할 가능성이 높다. 왜냐하면 사람들은 나름대로 사람을 보는 성격이론(암묵적 성격이론, implicit personality theory)을 지니고 있어서 이에 따라 정보를 틀에 박힌 듯 도식적으로 처리하기 때문이다. 실제로 채용면접에 참가했던 인사담당자들에게 면접에서 일어나는 가장 흔한 판단오류는 지원자의 호감이 가는 외모 때문에 성품도 좋아 보이는 착각인 정적 후광효과이다.

사람을 판단하는 과정에서 이런 심리적 원리를 잘 알고 있는 지원자라면 면접이 시작될 때부터 면접자에게 가능한 자신의 좋은 특성을 보여주려고 노력을 할 것이다. 지원자의 이런 노력으로 면접자가 정적 후광효과에 의해 잘못된 판단을 한다면 지원자에게는 유리할지 모르지만 회사로서는 실망스런 결과를 얻을 수도 있다. 그렇기 때문에 회사는 지원자의 후광효과 때문에 왜곡되지 않고 객관적으로 판단할 수 있도록 사전에 면접자 훈련을 계획해야 한다.

③ 부적정보 우월효과

면접자는 채용면접을 진행하면서 지원자에 대한 다양한 정보들을 수집한다. 그 정보들은 지원자에 대해서 긍정적이거나 부정적인 것들로 뒤섞여 있을 것이다. 대인지각 과정에서 부정적이거나 긍정적인 정보의 수에 관계없이, 긍정적인 정보보다는 부정적인 정보가 최종판단에 더 강한 영향을 미친다. 이것을 '부적정보 우월효과(negativity effect)'라고 한다.

예를 들면, 지원자의 대학 지도교수가 '이 학생은 매우 부지런하고 친절하며, 능력 있는 똑똑한 학생인데 정직하지 못한 면이 있다'는 추천서를 보내왔다고 가정해보자. 이 추천서를 받아본 면접자는 이 지원자에 대해서 어떤 판단을 할까? 부정직하다는 부정적인 특성보다 친절, 근면, 유능하다는 좋은 특성이 더 많지만 채용자는 결국 지원자가 부정직하다는 점이 마음에 걸려서 지원자를 부정적으로 판단할 가능성이 높다.

부적정보 우월 효과가 일어나는 과정은 몇 가지 심리적 기제들로 설명할 수 있다. 첫째는 외부세계로부터 들어오는 정보들을 알아차리는 지각과정에서의 전경-배경 원리이다. 사람들은 물리적 자극이나 사람들에 대한 정보를 처리하는 과정에서 정보들을 있는 그대로 받아들이지 않는다. 어떤 것은 선택하고 어떤 것은 무시하거나 거부 또는 왜곡시킨다. 선택되는 것들은 개인에게 의미 있는 전경(또는 그림)이 되고 물리적으로는 존재하지만 무시되는 것들은 개인에게 의미가 없는 배경(또는 바탕)으로 처리된다. 전경이 되는 자극이나 정보는 그 자체로 강하고 크거나 새롭고 신기하며 정보를 받아들이는 개인의 욕구 또는 관심과 관계되는 중요한 정보이기 때문에 면접자는 의미 있는 전경으로 받아들인다.

둘째는 정보들의 의미변화이다. 정보 하나하나는 고유한 의미를 지니고 있지만 상황에 따라서는 그 의미가 변화한다. 앞의 추천서 예에서 '부지런하다', '친절하다', '능력 있다'는 긍정적인 정보가 '정직하지 못하다'는 부정적인 정보와 함께 제시됨으로써 그 의미가 부정적인 것으로 바뀐 것을 볼 수 있다. 가령, 정직하지 못한 사람이 부지런하다는 것은 다른 사람들을 속이기 위해서 '부지런히 노력'한 것이며, 아침을

떨거나 남을 속이기 위해서 '친절'한 것으로 위장하거나 특히 매우 '능력' 있는 지능적인 사기꾼이라는 의미로 해석될 수 있는 것이다. 즉 원래는 긍정적이던 정보들도 함께 있는 부정적인 정보에 의해서 부정적인 것으로 의미가 변하여 해석되기 때문에 부적정보 우월효과가 나타난다.

셋째는 부담의 원리이다. 회사로서는 좋은 사람이 입사하는 것보다 들어와서는 안 될 사람을 잘못 채용함으로써 얻을 손해가 더 크다. 선발과정이란 실제로 회사에 가장 적합한 사람을 뽑는 과정이기도 하지만, 오히려 적합하지 못한 사람이 들어오지 않도록 사전에 걸러내는 과정이기도 하다. 부적절한 사람이 입사하는 것이 회사로서는 더 부담스럽기 때문이다. 그렇기 때문에 면접자는 처음부터 지원자의 결점이나 부정적인 측면을 찾아내려는 마음자세를 갖게 되고 부정적인 정보가 최종판단에 결정적인 역할을 한다.

그러므로 채용면접에서 지원자는 처음부터 마지막까지 자신의 단점을 노출하거나 실수하지 않도록 최선을 다해야 할 것이다. 면접자도 이런 왜곡으로 잘못된 판단을 하지 않으려면 지원자를 대하는 마음자세를 객관적이고 냉철하게 가져야 할 것이다. 지원자의 사소한 실수만을 부각하고 그의 큰 장점을 보지 못한다면 좋은 인재를 놓칠 수 있기 때문이다.

④ 초두효과

사람을 만나면 흔히 첫인상이 중요하다고 한다. 채용면접 과정에서 면접자는 지원자에 대한 정보를 시간의 순서에 따라서 얻는다. 지원자에 대한 첫인상은 시간적으로 가장 먼저 얻은 정보에 의해서 형성된다. 일단 형성된 첫인상은 그 이후로 얻어지는 정보들을 처리하는 과정에 적극적으로 영향을 미치는데, 이를 '초두효과(primacy effect)'라고 한다. 결국 지원자에 대한 면접자의 최종판단은 첫인상에 의해서 결정될 수 있다.

지원자에 대한 판단에서 첫인상이 왜 그렇게 중요한 역할을 할까? 첫인상은 그것이 형성된 후에 들어오는 정보들을 걸러내는 필터(filter)의 역할을 하기 때문이다. 사람들은 어떤 대상에 대해서 자신이 이미 알고 있는 사실인 첫인상과 추가로 알게 되는 새로운 사실이 일치하지 않으면 긴장하고 불안해 한다. 이러한 긴장을 줄이고 불안을 해소하기 위해서 자신이 알고 있는 첫인상과 새로운 사실들 간의 일치를 추구한다. 그 방법으로 새로 들어오는 정보들 중에서 먼저 형성된 첫인상과 일치하는 것들은 받아들이지만 일치하지 않는 정보들은 거부하고 무시하거나 왜곡하도록 작용하기 때문에 첫인상이 더욱 강화되는 것이다. 그러므로 한번 형성된 첫인상은 시간이 지남에 따라서 점점 더 강하게 되어 좀처럼 변화되지 않는다. 서양 속담에도 "첫 인상이 가장 오래 간다(First impressions are most lasting)."라고 했다.

채용면접을 잘 치르는 요령으로 단정한 옷차림과 면접장에 들어갈 때의 행동자세를 강조하는 것은 첫인상을 좋게 하기 위한 전략이다. 앞서 말한 것처럼 첫인상의 위력은 매우 강하기 때문에 지원자는 복장과 외모에 신경을 써야 한다. 그러나 지나치게 화려하고 요란한 복장이나 치장은 오히려 좋은 인상을 얻는 데 방해가 될 수 있다.

⑤ 최신효과

어떤 사람에 대해서 가장 최근에 얻은 정보가 최종 판단에 결정적으로 영향을 주는 것을 '최신효과(recent effect)'라고 한다. 체조경기나 권투 같은 기록경기에서 선수들이 심판에게 유리한 점수를 얻기 위해서 가장 마지막 순간인 착지동작이나 매회 경기종료 직전 1분 동안에 인상적인 공격에 주력하는 것도 이런 이유이다.

최신효과에 대한 그럴듯한 설명으로는 인간의 단기기억 용량의 한계는 5 내지 9(평균 7) 개 항목이라는 것이다. 채용면접에서도 지속적으로 밀려드는 지원자에 대한 수많은 정보들 가운데 최종판단할 때는 면접자의 단기기억의 용량범위 안에 들어 있는 정보가 회상이 더 잘될 것이다. 이때 회상된 정보들이 최종판단에서 유용한 정보로서 작용한다. 또 다른 이유는 시간이 지남에 따라 기억은 재구성된다는 점이다. 장기기억에 저장되어 있는 정보들은 원래대로 있는 것이 아니라 가공되기 쉽다. 가장 강력한 기억정보에 따라서 장기기억에 저장되어 있는 정보의 내용이 재구성되어 회상된다. 따라서 먼저 처리되어 기억된 정보들은 나중에 들어온 강력한 최신정보들에 의해서 일관성 있게 재해석되어서 기억 또는 회상됨으로써, 최신정보가 최종판단에 강력한 영향을 준다.

채용면접에서 지원자는 면접 도중에 대답을 제대로 못했거나 실수했다고 해서 쉽게 포기해서는 안 된다. 면접이 끝나는 순간까지 최선을 다하면 만회할 기회를 가질 수 있기 때문에 끝까지 최선을 다하는 자세가 중요하다.

⑥ 면접자의 판단경향성

사람들이 타인을 평가할 때는 보통 세 가지 판단경향을 보인다. 타인에 대한 사람들의 평가는 보편적으로 부정적이기보다는 긍정적이다. 이러한 경향을 관대화 경향성(leniency tendency) 또는 긍정적 편향(positivity bias)이라고 한다. 이 경향에 대한 몇 가지 설명이 있다.

첫째는 낙천성의 원리이다. 사람들은 좋은 일, 즐거운 경험, 좋은 사람, 좋은 날씨 등에 휩싸이면 좋은 기분을 느낀다. 일반적으로 조건이 나쁘더라도 좋은 생각들을 통해서 좋은 기분을 느끼려는 경향이 있다. 그 결과로 사람들은 상황을 보통 이상으로 좋게 평가한다. 특히 타인에 대해 긍정적으로 평가하려는 성향을 인물-긍정편향(person-positivity bias)이라고 한다. 그 이유로는 사람들이 타인을 자신과 유사하다고 지각하기 때문에 자신에게 그렇듯 타인에게도 관대하다는 것이다.

판단자의 또 다른 성향은 중앙집중경향(central tendency)이다. 사람들은 타인을 평가한다는 심리적 부담 때문에 자신이 매우 신중하고 공정하게 판단한다는 인상을 주려고 노력한다. 평가결과에 대한 비난을 방지하는 좋은 방법은 지원자들에 대해 가장 무난한 방식으로 판단하는 것이다. 그 결과로 채용면접 결과에서 중간평가에 가장 많은 지원자들을 분배하고, 긍정적이거나 부정적인 양극으로 갈수록 비율이 적어지는 양상의 정상분포를 이룬다.

마지막으로 타인에 대한 판단성향으로 엄격화 경향이 있다. 채용면접에서 판단의 엄격화 경향이란 면접자가 지원자들을 평가할 때 이상적인 지원자의 모습과 같이 높은 판단기준을 적용하여 지원자들을 긍정적이기보다는 오히려 부정적으로 판단하는 경향이다.

앞에서 면접자에 대한 사전 훈련의 필요성을 논의했지만 면접자의 판단 경향성이 다르기 때문에 면접자 훈련의 필요성은 더욱 중요하다. 일반적인 채용면접에서는 많은 지원자들을 여러 면접자들이 나누어서 면접하기 때문에 면접자의 판단경향성이 달라짐에 따라 지원자들은 공정하게 평가받기 어려워진다. 이런 결과는 지원자들에게 공정하지 못하며, 회사의 입장에서도 객관적이고 정확한 판단을 방해하는 요인이 된다.

판단경향성이 다른 면접자들을 사전에 훈련시키는 한 가지 방법은 셰리프(Shefif, M.)의 동조실험(1935)을 응용한 것이다. 가상적인 채용면접 상황을 만들어서 판단경향성이 다른 면접자들이 반복적인 판단을 하도록 하는 것이다. 즉 가상적인 지원자에 대해서 판단경향성이 다른 면접자들이 판단을 하고 난 후에 그 결과를 모두 공개하는 것이다. 처음에는 동일한 지원자에 대한 면접자들의 판단이 크게 차이를 보이겠지만, 이런 과정을 반복함에 따라서 면접자들은 점차적으로 판단이 일치하게 된다. 그 이유는 면접자들이 서로 간의 불일치를 자각하고 지원자에 대한 판단기준의 차이를 줄이기 때문이다.

⑦ 면접자의 마음자세

채용면접장에서 면접자의 마음은 지원자에 대한 부정적인 증거를 적극적으로 탐색하고 찾아내려는 경향일 것이다. 면접자는 지원자의 부정적인 측면에 더 관심이 있고 큰 비중을 두기 때문에 지원자들을 더 부정적으로 판단하는 경향성이 있다. 면접자가 지원자로부터 부정적인 정보를 얻어내려고 노력하는 이유는 바로 판단자라는 역할에 있다. 면접자는 많은 지원자들 가운데서 적합한 지원자를 선택하고 적합하지 못한 지원자는 가려내어야 하는 부담을 지닌다. 탈락해야 할 지원자가 선택되는 것은 회사에겐 특히 부담스럽기 때문에 면접자는 지원자에 대한 부정적인 정보를 찾아내기 위해서 더욱 노력한다.

면접자의 이런 마음자세 때문에 지원자들은 면접의 시작부터 마지막까지 신중하고 조심스럽게 행동해야 한다. 면접자도 지원자의 부정적인 측면을 찾아내는 데만 열심이라면 지원자의 장점을 놓치기 쉽다는 짐을 염두에 두어서 객관적이고 정확한 판단이 될 수 있도록 노력하는 것이 중요하다.

⑧ 대비효과

면접자가 지원자를 평가할 때 직전에 평가받은 지원자들에 의해서 영향을 받음으로써 '대비효과(contrast effect)'가 나타난다. 예를 들면, 현재 면접하는 지원자의 토익(TOEIC) 점수가 550점인 경우를 생각해보자. 또한 일반적으로 550점은 대학 졸업자들의 평균에 해당한다고 가정하자. 그러나 만일 바로 앞의 지원자의 점수가 650점이었다면, 현 지원자의 550점은 대학졸업자의 평균점수임에도 불구하고 매우 낮은 것으로 판단될 가능성이 있다.

웩슬리(Wexley, 1972) 등의 연구결과(McCormick & Ilgen, 1980)는 판단에서 일어나는 대비효과를 실험적으로 보여준다. 판매직 지원자들에게 면접장면을 담은 비디오테이프를 보여주고, 비디오에 등장하는 세

명의 지원자들을 관찰하고 나서 가장 마지막 지원자에 대해 평가하게 했다. 그 결과 대비효과 가설에서 예견되는 방향대로 앞의 두 사람이 누구인가에 따라서 세 번째 지원자에 대한 평정치가 영향을 받았다.

이렇듯 세 번째 지원자의 평정결과는 그가 가진 실제 능력보다 앞선 두 지원자에 의해 영향을 받을 수 있다. 만일 대비효과가 면접자의 판단에 어느 정도의 영향을 미칠지 불확실하다면 지원자나 회사 모두 채용결정에서 잘못된 판단의 피해를 볼 것이다.

⑨ 유사성 가정

사람들은 일반적으로 타인이 자신과 비슷하다고 생각하는 경향이 있다. 특히 타인과 자신의 성별, 출신지, 연령, 사회경제적 지위 등이 비슷할수록 그런 경향이 더욱 강해진다. 면접자는 어떤 주제에 대한 지원자의 주장이나 태도가 자신과 유사할 것이라고 기대할 수 있는데, 만약 기대하지 않았던 주장이나 입장이 나오면 의아해 하고 인상적으로 받아들일 것이다.

이제까지 살펴본 대로 채용면접은 면접자와 지원자가 상호정보를 수집하고 이 정보들에 의해서 판단하는 정보처리과정이다. 이미 논의한 대로 면접과정에서 주목할 점은 면접자가 지원자에 대한 정보를 왜곡하거나 판단의 오류가 일어날 수 있다는 것이다. 잘못된 판단은 회사나 지원자 모두에게 바람직하지 않은 결과를 가져오기 때문에 지원자나 면접자는 면접에 대한 준비와 주의를 해야 한다.

회사로서는 면접자가 객관적이며 일관성 있는 판단을 하고, 면접자들 간에도 일관성 있고 신뢰를 주는 면접이 되도록 면접자 훈련을 계획하고 실시한다. 지원자들도 면접 전에 모의면접 상황연습 등을 통해서 면접형식, 평가기준, 예상되는 질문내용, 특히 면접장에서 면접자의 판단 오류를 일으킬 만한 행동이나 대답에 대한 신중한 준비를 해야 한다.

쉬어갑시다!

면접장에서 지원자의 행동 요령

면접장에서 일어나는 정보의 왜곡이나 판단 오류로 인한 손실을 방지하기 위해서 지원자는 면접 전과 면접 중에 주의 깊고 신중한 자세로 최선을 다해야 한다. 다음은 지원자가 면접장에서 취해야 할 일반적인 행동요령 20가지를 요약한 것이다.

① 면접 전날에는 충분한 휴식을 취하라

면접 전날은 긴장되기 때문에 늦잠을 자거나 잠을 설칠 수 있다. 면접 당일에 피로한 기색으로 면접장에 나타나면 면접자에게 좋은 첫인상을 주기 어렵다. 면접자는 짧은 시간 안에 지원자의 첫인상을 통해서 건강상태, 자기관리, 예의 등에 대한 전반적인 평가를 내린다. 이 첫인상은 면접시간 동안 지속적으로 지원자에 대한 정보처리과정과 평가에 영향을 주는 필터 역할을 한다.

② 지원한 회사에 대해 충분한 사전 지식을 가져라

입사하고 싶은 회사에 대한 구직자의 사전 지식 수준은 곧 '얼마나 성의와 관심이 있느냐'의 문제다. 아무리 뛰어난 역량을 갖추었다고 해도 입사할 회사에 대한 최소한의 사전지식 없이 면접에 임한다면 면접관에게 좋은 인상을 주기 어렵다.

③ 면접 당일 아침에는 반드시 아침신문을 읽어라

면접에서는 당일에 시사성이 높은 주제들을 다룰 수 있다. 특히 사설을 읽어두면 그 주제에 대해서 조리 있게 대답할 수 있을 것이다. 특히 면접자는 시사문제와 관련해서 지원자가 어떤 관점을 지니고 있는지 궁금해 한다. 이슈에 대한 지원자의 관점이 보편 타당하고 합리적인지 또는 면접자나 회사의 입장과 유사한지도 평가에 영향을 미친다.

④ 면접장에 충분히 여유 있게 도착하라

어떠한 사정이 있더라도 지각은 절대 금물이다. 늦어서 허둥대는 지원자는 자선도 불안할 뿐만 아니라 면접자에게도 바람직하게 보이지 않는다. 많은 기업들이 학벌, 학점, 어학성적 등 스펙과 관계없이 면접에 지각하는 지원자는 탈락시키 경우가 많다. 시간 엄수라는 사회생활의 기본 예의를 지키지 않는 지원자는 면접 전에 탈락할 수 있다.

⑤ 회사에 제출한 이력서를 면접 전에 반드시 확인하라

면접자는 지원자가 이미 제출한 이력서를 참고하여 사실을 확인하거나 질문 내용을 결정하기도 한다. 만일 이력서에 기록한 사실과 면접 중에 대답한 사실이 일치하지 않는다면 면접자는 지원자를 신뢰할 수 없을 것이다.

⑥ 휴대전화 전원을 꺼라

면접 중에 휴대전화를 울리는 지원자가 되지 말자.

⑦ 면접장에서는 면접자가 먼저 행동을 취하도록 하라

예를 들어 면접장에 들어섰을 때 의자가 준비되어 있더라도 면접자가 앉으라고 권하기 전에는 먼저 앉지 않는 것이 좋다. 면접장에 들어서자마자 면접자의 허락 없이 알아서 의자로 재빠르게 앉으면 무례한 사람으로 보이기 쉽다.

⑧ 자세를 바르게 취하라

특히 의자에 앉을 때 비스듬히 앉아서 다리를 꼰다거나 팔짱 낀 자세, 또는 상체를 뒤로 젖히고 앉는 자세는 무례하고 건방져 보인다. 잡코리아 좋은일 연구소가 2014년 인사담당자 176명을 대상으로 설문한 '지원자 면접 감점요인'에 따르면 불성실한 면접태도(61.9%)가 가장 높게 나타났다.

⑨ 면접자의 책상에 놓인 서류를 보지 말라

지원자는 호기심으로 면접자의 책상에 놓인 서류를 볼 수 있다. 그러나 면접자는 지원자가 무례하고 상식이 없는 것으로 볼 수 있으니 삼가해야 한다. 또한 면접자가 면접서류를 검토하는 동안에는 말하지 않는 것이 좋다.

⑩ 면접 중에는 차분하게 면접자에게 주의를 기울이며 응시하라

면접자의 질문을 받거나 대답하면서 시선을 다른 곳으로 돌리는 것은 금물이다. 대화 중에도 시선을 피하는 것은 자신감 결여나 무관심으로 보여지기 때문이다. 반면 시종일관 면접자를 주시하는 것도 어색하거나 경우에 따라서는 위협적일 수 있다. 그러므로 지속적으로 보기보다는 면접자의 코 아래쪽에 시선을 두고 필요에 따라서 가끔씩 응시하는 것도 면접 상황을 어색하지 않고 자연스럽게 이끌어가는 요령이다.

⑪ 면접자의 말을 자르지 말라

다른 사람 말에 귀 기울이는 것은 타인에 대한 배려심으로 보인다. 면접자의 질문을 끝까지 잘 듣는 태도가 평가의 중요한 요소가 된다.

⑫ 바르고, 고운 말을 쓰라

비속어나 은어, 특정 층에서만 알아듣는 유행어 등은 사용하지 않는다.

⑬ 충분히 생각한 뒤 대답하라

면접자의 질문요지를 잘 파악해서 너무 꾸미거나 질질 끌지 않고 간결하고 명확하게 대답해야 한다. 면접자의 질문이 끝나자마자 서둘러서 대답하면 성급해 보이고, 정리되지 않은 대답을 하기 쉽다. 대답할 때는 긍정적인 태도를 보이는 게 좋다.

⑭ 결론부터 얘기하라

흔히 논리적인 대답을 해야 한다고 생각해서 서론, 본론, 결론 순으로 대답을 이끌어가려고 하는데, 면접자는 핵심을 듣고 싶어 한다. 지루한 서론 본론은 면접자의 주의를 끌지 못한다. 결론을 듣고 추가적인 질문을 할 때 충분히 부연할 수 있는 기회가 있다.

⑮ 자신감을 보여주기 위한 지나친 행동은 자제하라

면접에서 당당한 모습은 면접관의 시선을 사로잡을 수도 있지만 자칫 자신감이 지나치면 거만하게 보이거나 당돌해 보일 수 있다. 면접장에서는 겸

손한 가운데 자신의 주장을 충분히 피력하는 것이 중요하다.

⑯ **불안한 행동을 보이지 말라**

면접상황은 일종의 상황검사이다. 면접장에서는 누구나 긴장되고 불안하기 마련이다. 다리를 계속 흔들면서 떠는 것, 손을 계속 비벼대거나, 옷을 자꾸 고쳐 입으면 침착하지 못하고 자신 없는 것으로 비춰진다.

⑰ **직전 회사나 상사들을 비난하지 말라**

면접자의 눈에 부정적으로 보이기 쉽고, 선발하면 자기 회사나 상사를 비난하고 다닐 것으로 판단한다.

⑱ **돌발상황에 당황하지 말라**

면접 중인 면접장에 타인이 들어오더라도 절대 일어서지 말아야 한다. 면접장에서는 반드시 면접자의 지시에 따라서 행동해야 하며 지원자의 임의적인 행동은 바람직하지 않다.

⑲ **면접자가 질문하도록 허락을 받은 뒤에 질문하라**

일반적으로 채용면접에서 면접자는 지원자가 질문할 기회를 준다. 그러므로 지원자는 이때까지 기다렸다가 질문을 할 수 있다. 만일 질문 기회를 주지 않는다면, 면접의 마지막 부분에서 정중하게 허락을 얻어낸 다음에 궁금한 점들에 대해 질문한다.

⑳ **면접이 끝난 뒤에도 항상 면접자나 안내자의 지시에 따르라**

면접은 면접장 안뿐만 아니라 면접대기실에서도 지원자에 대한 관찰이 이루어질 수 있다. 면접장에서 퇴실할 때 인사하는 것을 잊지 말고, 다 끝났다고 서둘러서 나오면 안 된다. 정중하게 '면접 기회를 주신 것에 감사한다'는 인사를 하고 가볍게 목례하며 퇴실한다.

제6장

직장에서의 대인관계

직장인은 인생의 3분의 1을 직장에서 보낸다. 그러나 실제로 직장을 위해서 보내는 시간은 그 이상이 될 것이다. 대표적으로 사무관리 직원의 하루를 살펴보자. 아침 7시에 기상해서 8시 30분까지 사무실에 출근해 잠시 책상을 정리한 뒤 간단한 업무회의를 갖고 9시부터 정상업무를 시작한다. 12시까지는 오전 근무를 분주히 하다가 그 이후부터 오후 1시까지 점심 겸 휴식시간이다. 1시부터 잠깐씩의 휴식을 취하며 오후 6시까지 근무를 한다. 퇴근하는 데 보통 1시간 정도 소요되므로 오후 7시나 되어야 집에 도착할 수 있다. 직장에서의 근무시간은 오전 9시부터 오후 6시까지로 점심시간 1시간을 제외한 8시간이지만, 실제로는 아침 7시부터 저녁 7시까지 12시간이 직장을 위해서 투자하는 시간이다.

그뿐만 아니라 경우에 따라서는 집에까지 회사 일을 가져와서 작업하기도 하고, 회사 동료들과 퇴근 후 갖는 회식, 회사 일을 위한 공적이거나 사적인 모임, 회사 일 때문에 퇴근 뒤에도 고민하거나 개인생활이 방해받는 일, 심지어는 꿈에서조차 회사 일 때문에 시달리는 일 등을 고려한다면, 직장인들의 일상생활 대부분은 직장생활과 관련되어 있다.

이렇게 보면 직장인들은 가족보다 직장동료들과 더 많은 시간을 함께 보낸다. 직장 일이란 혼자 하는 것이 아니라 동료와 상사, 부하, 고객 등 타인들과의 협조나 선의의 경쟁 없이는 불가능하다. 직장생활의 보람 중 하나가 좋은 동료들을 만나는 것이기도 하다. 이러한 사회적 욕구는 사람들의 가장 기본적인 욕구들 중 하나이다. 그러므로 직장에서의 대인관계는 직장생활뿐만 아니라 개인의 생활 만족이나 행복의 중요한 결정요인이다.

제6장에서는 보람 있고 행복한 직장생활을 결정하는 직장 대인관계에 대한 심리학적인 기초를 알아보고, 심리학자들의 연구결과를 살펴볼 것이다. 마지막으로 직장에서의 좋은 대인관계 형성방법과 악화된 대인관계를 개선하기 위한 방안들에 대해서 논의할 것이다.

1 대인관계 심리학

우리가 일상생활에서 사람을 만나면 상대방에 대한 판단으로 시작된다. 타인에 대한 첫인상을 형성하는 이 과정은 주로 상대방에 대한 다양한 정보평가로 이루어진다. 상대방에 대한 평가결과가 일반적인 호감으로 나타나면 서로 호감을 느끼는 정도에 따라서 대인관계가 시작된다. 이런 대인판단과 호감의 형성은 직장생활에서도 마찬가지이다. 대인관계에서 호감을 결정하는 요인으로는 근접성, 친숙성, 신체적 매력, 성격 특성, 능력, 보상성, 유사성 등이 있다. 이제부터 그동안 사회심리학자들이 경험적 연구를 통해서 밝혀낸 대인관계를 결정하는 호감요인들과 그 심리적 원리들을 알아보자.

1) 대인관계를 결정하는 호감요인

(1) 근접성

나와 거리상 멀리 떨어진 친구보다는 가까이 사는 이웃과 더 친하게 지내는 것은 자연스런 현상이다. 또 먼 친척보다 가까운 이웃사촌이 낫다는 말이 있다. 이것은 물리적 거리가 가까울수록 더 친하게 지낸다는 것이다.

레온 페스팅거(Leon Festinger), 스탠리 샤흐터(Stanley Schachter), 쿠르트 백(Kurt W. Back)은 1950년 근접성이 호감을 증가시키는지를 확인하기 위해서 웨스트게이트 웨스트(Westgate West)라는 신흥 주택지에서 주민들의 교우관계 패턴을 조사했다. 이 아파트에는 열 가구가 한 동에 입주해 있고 한 층에 다섯 가구가 복도를 따라서 일렬로 배치된 2층짜리 건물이었다. 각 가구의 출입문은 복도식으로 배열되어 있고, 건물 양끝 출입구에 1층과 2층을 잇는 계단이 있었다.

제구자들은 주민들에게 '이 아파트 단지 내에서 가장 자주 만나는 세 사람'을 물어보았다. 그 결과 거리상 가까운 이웃에 사는 사람들과 더 친하게 왕래하고 있었다. 같은 층에서 두 집 떨어진 이웃보다는 바로 옆집과 더 가깝게 지냈다. 즉 물리적 거리가 가까울수록 더 친했다. 또 다른 사실은 물리적 거리가 가까운 다른 층에 사는 이웃보다는 같은 층에 살지만 상대적으로 멀리 떨어져 있는 이웃과 더 친하게 지냈다. 이것은 친한 이웃이 되기에는 물리적 거리보다 기능상의 거리가 더 중요함을 보여주는 것이다.

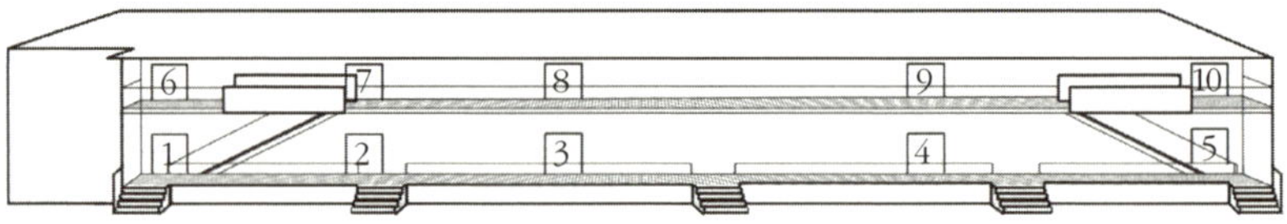

[그림 6-1] 근접성과 호감의 관계

페스팅거, 샤흐터, 백의 물리적 근접성과 호감의 관계 연구에 이용된 공동주택의 구조

(2) 친숙성

가까이 있으면 만날 가능성이 커지고 친숙해지는 친숙성(familiarity)이다. 자욘스(Zajonc, 1968)는 '단순접촉가설(mere exposure hypothesis)'에서 단순히 자주 접촉한 사실만으로도 그 대상에 대한 호감이 증가한다는 것을 증명하였다.

① 단순접촉가설

로버트 자욘스(Robert Zajonc)는 친숙성 자체가 그 대상에 대한 호감을 증가시킨다고 주장한다. 즉 자주 보는 그 자체만으로도 호감이 증가한다는 것이다.

그는 얼굴사진을 이용한 실험으로 이 사실을 증명하였다. 우리는 자신의 얼굴을 주로 거울을 통해서 본다. 반면 친구는 우리의 실제 얼굴을 본다. 거울에 비친 얼굴은 실제 얼굴과 좌우가 바뀌어 있는데 우리의 얼굴은 완전한 좌우대칭이 아니기 때문에 실제 얼굴과 거울에 비친 좌우가 바뀐 얼굴은 동일하지 않다. 자주 보아서 친숙한 대상 또는 자극에 더 호감을 갖는다는 단순접촉가설에 따르면, 얼굴사진의 주인은 좌우가 바뀐 얼굴에 더 익숙할 것이므로, 정상적인 사진보다는 좌우가 바뀐 사진에 더 호감을 보일 것이다.

실험결과 정상사진 32% 대 좌우 바뀐 사진 68%로 사진의 주인은 좌우가 바뀐 사진을 더 좋아했다. 친구들은 정상사진 61%, 좌우 바뀐 사진 39%로 정상사진을 더 좋아했다. 따라서 사람들은 자신이 자주 본 얼굴사진을 더 좋아했다.

▸ **로버트 자욘스(Robert Zajonc, 1923~2008)**
사회 및 인지과정 연구로 널리 알려진 폴란드 태생의 미국 사회심리학자.

[그림 6-2] 단순접촉가설
왼쪽과 오른쪽 모나리자 중에서 당신은 어느 쪽 모나리자가 더 마음에 드는가? 그 이유는? 우리가 흔히 보아서 익숙한 모나리자 원본은 왼쪽이다. 오른쪽 모나리자보다는 더 자주 보아서 친숙한 왼쪽 모나리자를 선호한다.

② 예측 가능성-부담 경감 효과

미팅이나 맞선에서 만난 상대방과는 매우 어색하고 불안하다. 처음 보는 상대방의 반응을 전혀 예측할 수 없기 때문에 언행이 부담스럽다. 반면 친숙한 사람과 함께 있는 자리는 상대의 반응이 예측 가능하므로 편안하다. 상대방에 대해서 잘 알수록 행동예측이 가능하므로 부담이 덜 되고 서로 불쾌하지 않도록 잘 처신할 수 있어 호감을 느낄 가능성이 더 커진다. 부담이 없는 대상은 유쾌한 관계를 유지할 수 있고, 이것은 대인관계의 중요한 토대이다. 흔히 사람들은 상대방이 부담 없고 편안해서 좋아지게 되었다고 말한다.

③ 앞으로의 상호작용에 대한 기대

지금까지 자주 만나서 친숙한 사람과는 앞으로도 만날 수 있는 기회가 많을 것이다. 어떤 대상과 앞으로의 만남이 기대되면, 그 관계가 긍정적이기를 바란다. 앞으로 좋은 관계를 유지하기 바라는 대상에 대해서, 우리는 가능한 그 사람의 좋은 특성과 장점만을 가려서 보게 된다. 또한 그 사람의 좋은 특성은 과장하고 바람직하지 않은 특성이나 단점은 중요하지 않은 것으로 간주한다. 그뿐 아니라 상대방에게 잘 보이려고 노력할 것이다. 장차 잦은 만남이 기대되는 양방이 서로에 대해서 이런 노력을 하므로, 쉽게 친해지고 호감은 더욱 증가할 것이다.

(3) 신체적 매력-외모

대인관계에서 호감을 증가시키는 중요한 요인은 신체적 외모이다. 신체적으로 매력적인 사람은 상대방으로부터 더 많은 호감을 얻을 수 있다. 신체적 매력은 단순하지만 호감을 결정하는 가장 큰 요인이다. 특히 대인관계의 초기단계에서 더욱 그렇다.

이 사실은 '컴퓨터 댄스파티(Walster, Aronson, Abrahams & Rottman, 1966)'의 실험으로 증명되었다. 월스터(W. Walster)는 축제기간 동안에 댄스파티에 함께 갈 파트너를 구하지 못한 대학생들의 신청을 받아 컴퓨터로 파트너를 정해주었다. 신청자들이 제출한 사진으로 신체적 매력 정도를 판정한 후에, 외모 수준에 따라 파트너를 정해주었다. 대학생들이 파티에 참석한 후에 자신의 파트너에 대한 호감을 평가한 결과, 평가자 자신의 신체적 매력에 관계없이 일반적으로 상대방의 외모에 따라서 호감이 증가하였다. 신체적 매력이 호감을 결정하는 과정에서는 후광효과(halo effect)와 맞춤 가설(matching hypothesis), 이중기준(double standard) 같은 현상을 볼 수 있다.

① 후광효과

랜디와 시걸(Landy & Sigall, 1974)은 후광효과가 신체적 매력과는 전혀 무관한 다른 분야까지 일반화된다는 사실을 알아냈다. 남성들에게 텔레비전이 사회에 미치는 영향에 관한 글을 읽게 했다. 이 글과 함께 글쓴이라고 소개하면서 여자의 사진을 첨부했다. 글의 객관적인 질은 맞춤법, 문장의 구성, 표현력 등을 고려하여 두 수준(좋음, 나쁨)으로 조작되었고, 필자의 신체적 매력은 매력적인 인물, 매력 없는 인물, 그리고 사진이 첨부되지 않은 조건으로 조작되었다. 그 결과, 매력 있는 여성이 쓴 글에 대해서는 객관적인 수준에 관계없이 글을 더 잘 쓴 것으로 평가받았다.

한편 신체적 매력이 고정관념이나 대인지각에 미치는 효과에서 서구사회와 우리나라 사람들 간의 문화적 차이가 있다는 연구결과가 있다. 우리나라의 대학생들을 대상으로 한 연구(김혜숙, 1993)에서는 대상의 성별에 따라서 신체적 매력의 효과가 달랐다. 신체적으로 매력적인 여자대상에 대해서는 매력적일수록 사교적이고 외향적이지만 동시에 허영심이 많고 정서적이며 덜 따뜻하고 덜 친절하고 남을 돕지 않는다고 지각했다. 반면에 신체적으로 매력적인 남성은 따뜻하고 친절하고 사교적이고 외향적이고 지적이라고 지각했다. 남성은 신체적으로 매력적일수록 정적 후광효과가 나타났으나 여성들에게는 부정적인 지각도 일어났다. 이는 사적생활이나 직장생활의 역할수행에 있어서 남성과 여성에 대하여 상이한 평가가 이루어지는 원인이라고 볼 수 있다.

② 맞춤 가설

만일 누구나 신체적 매력이 큰 사람(이성)만을 좋아한다면 끔찍한 일이 벌어질 것이다. 그러나 실제로 데이트 상대나 부부들의 신체적 매력수준은 비슷하다는 것을 알 수 있다. 왜 우리는 신체적으로 매력 있는 사람을 더 좋아하면서도, 실제로는 신체적 매력이 비슷한 사람끼리 만날까?

그 이유는 개인이 가능한 여러 대안들 중에서 한 가지를 선택하는 행동과정을 설명하는 기대유인가(expectancy valence)이론에서 찾을 수 있다. 사람들은 행동을 선택하기에 앞서 성과의 가치(유인가)와 그 성과를 얻을 수 있다고 기대하는 정도를 고려한다. 상대가 신체적으로 매력 있다는 것은 가치 있는 성과이지만 만일 자신이 상대로부터 거부당할 가능성이 크다면 자신보다 매력적인 상대에게 데이트 신청하기를 포기할 것이다. 그러므로 자신이 거부당할 확률이 가장 낮으면서 신체적 매력이 가장 큰 상대, 즉 자신과 비슷한 상대를 선택할 것이다.

③ 이중기준

일반적으로 여자에 비해서 남자들은 대인관계에서 상대방의 신체적 매력을 더 중요하게 생각한다. 데이트나 결혼상대를 선택할 때도 상대 여성의 신체적 매력에 의해서 더 영향을 받는다. 전통적인 가부장적 사회에서 남성들은 여성들의 성적 매력과 신체적 특성을 중시하는 반면, 여성들은 남성들의 대인관계 속성을 더 고려해 상대의 매력을 결정하는 것으로 나타났다.

(4) 성격 특성-온정성과 성실성

사람들은 정직하고, 잘 도와주고, 친절하고, 인자하고, 온화한 특성을 지닌 개인을 좋아한다. 이런 성격들을 대표하는 온정성은 호감을 결정하는 가장 중요한 성격특성이다. 앤더슨(Anderson, 1968)은 사람을 수식하는 555개의 형용사 목록을 만들어서 대학생들에게 각 특성을 지닌 사람에 대한 호감을 평가하게 했다. 그 결과 호감을 결정하는 가장 가치 있는 특성은 성실성이었고, 가장 호감이 가지 않는 형용사는 거짓말쟁이었다. 이러한 연구결과는 우리가 상대방의 특정한 성격특성들에 의해서 매력을 느낀다는 것을 알 수 있다.

(5) 능력

우리는 유능하고 뛰어난 사람을 좋아한다. 유능한 사람과 함께 있으면 그렇지 않을 때보다 더 올바르게 될 것이라고 안심한다. 그렇다면 우리는 완벽한 사람을 항상 좋아할까? 앤더슨, 윌러먼, 플러디(Anderson, Willerman & Floyd, 1966)는 대학생들을 대상으로 능력이 호감에 미치는 효과를 알아보았다. 능력은 우수하나 실수를 저지른 사람, 능력이 우수하고 실수도 없는 사람, 능력은 보통이나 실수를 저지르지 않는 사람, 그리고 보통의 능력에 실수를 저지른 사람을 보여주고 가장 호감이 가는 사람을 선택하게 했다. 그 결과 능력이 우수하나 실수를 저지른 사람을 가장 좋아했고, 능력이 우수하고 실수를 저지르지 않는 사람, 보통의 능력에 실수를 저지른 사람, 보통의 능력에 실수를 저지르지 않은 사람의 순서대로 호감을 얻었다. 즉, 능력이 우수할 경우에는 실수가 오히려 호감을 증가시킴을 알 수 있다. 이를 실수효과(pratfall effect)라고 한다.

(6) 보상성

사람들은 자신에게 이익이 되는 보상을 하거나 유쾌한 경험과 연관된 사람을 좋아한다. 아름다운 여인이나 멋진 남성은 그들을 보는 것 자체만으로도 즐겁기 때문에 좋아진다. 친절하게 도움을 베풀거나 우리를 인정해주고 칭찬하고 선물하는 사람에게도 호감이 간다. 이러한 보상성(rewardingness)의 효과는 학습의 원리인 조건형성(conditioning)과 상호성의 원리(reciprocity principle)로 설명된다.

고전적 조건형성 원리에 의하면, 감정의 일반화과정에 의해서 좋은 일과 연결된 사람을 좋아하게 된다. 상호성의 원리란 상대가 나를 좋아한다는 사실을 알았을 때 나도 그를 좋아하게 된다는 것이다. 이때 처음부터 나를 매우 좋아하는 사람보다는 시간이 지남에 따라서 점점 더 나를 좋아하는 사람에 대해서 호감이 가장 크게 증가하는데, 이 현상을 득실의 원리(gain-loss principle)라고 한다.

(7) 유사성

사람들은 자신과 비슷한 사람을 좋아한다. 친구는 비슷한 사람들끼리 모이기 마련이다. '유유상종'이니 '친구를 보고 그 사람을 안다'는 등의 표현은 이를 두고 하는 말이다. 처음 대하는 사람들이 애써서 그들의 공통점을 찾으려고 노력하는 것도 이런 이유 때문이다. 어색한 첫 만남에서 서로의 공통점이나 비슷한 관심사를 찾아내면 매우 반갑고 상대방에 대해서 친근감을 느낀다. 호감을 결정하는 유사성(similarity)의 효과는 문화적 특징, 성별이나 연령 또는 교육수준 등의 인구학적 특성, 태도 및 신념, 흥미, 사회적 배경 등에서 분명하게 드러난다.

유사성이 매력 또는 호감을 증가시키는 이유에 대해서는 세 가지로 설명된다(한덕웅, 황소정, 1999). 첫째, 인지일관성이론에서는 사람들이 자신과 유사한 태도를 지닌 사람을 좋아함으로써 인지적 일관성을 이루려고 한다고 설명한다. 둘째, 보강이론에서는 사람들이 자신의 의견, 신념 및 태도가 타당하다고 평가하려는 자기 타당화의 욕구를 지님으로 자신과 유사한 의견이나 태도를 가진 사람으로부터 강화 효과를 얻기 때문에 매력을 느낀다고 설명한다. 셋째, 기대이론에서는 자신과 유사한 태도를 지닌 사람이 자신을 좋아하리라고 기대하기 때문이 호감을 느낀다고 설명한다.

그러나 유사성이 호감을 증가시킨다는 주장에 대해서는 다소 논란이 있다. 왜냐하면, 서로 보완적인 사람들이 서로 좋아하는 경향도 있기 때문이다. 이런 현상을 상보성(complementary)이라고 한다. 친구나 배우자를 선택할 때, 자신과 반대되는 특성을 지닌 사람을 좋아하고 찾는다는 연구결과(Harrison & Saeed, 1977)가 있다. 이 연구는 신문의 '애인이나 배우자를 찾는 광고'란을 분석하는 것이었다. 나이 든 남성들은 젊고 아름다운 여성을 원했고 자신의 경제력을 과시했다. 반면 여성들은 나이 들고 경제력 있는 남자를 원했고, 자신이 젊고 매력 있는 여성이라고 제시하였다.

호감을 결정하는 것이 유사성인지 또는 상보성인지에 대해서는 논란의 여지가 많지만, 일반적으로는 유사성이 호감의 지배적인 결정요인이고, 때에 따라서는 상보성이 중요한 역할을 한다는 결론을 내릴 수 있다.

2) 대인관계의 발전

대인관계는 첫 대면이나 피상적으로 호감을 느끼는 단계에서 그치는 것이 아니다. 관계는 장기간에 걸쳐서 발전하며 더 깊고 의미 있는 지속적인 관계로까지 진행된다. 알트만과 테일러(Altman & Taylor, 1973)는 사람들이 점차적으로 가깝고 친해지는 과정을 사회적 침투(social penetration)라고 불렀다. 사회적 침투이론은 다음과 같이 몇 단계에 걸쳐서 진행된다.

첫째, 오리엔테이션 단계에서 사람들은 서로에 대해서 아는 것이 없기 때문에 범위가 좁고 피상적인 수준에서 탐색하면서 첫인상을 형성한다. 이 단계에서는 서로에게 좋은 인상을 남기기 위해서 노력하므로 자기를 긍정적으로 소개하고 대안에 대한 어떤 비평도 꺼린다.

둘째, 탐색적인 감정교환 단계에서는 아직 서로에 대해서 주변적인 관심에 머물러 있지만 계속 새로운 영역을 확장해 나가기 때문에 어느 정도 편안하고 느슨해진다. 그러나 사적인 문제에 대해서는 아직 억제되고 정적인 감정교환으로 제한된다.

셋째, 감정교환 단계에서는 꽤 친밀하고 가까운 관계 특징을 보인다. 서로에 대해서 많이 알게 되어 공통의 주제가 다양하고 사적인 수준으로까지 깊어진다. 감정의 교환도 자연스러워서 칭찬이나 비평을 스스럼없이 할 수 있다. 그러나 개인의 깊은 비밀을 털어놓을 만큼 관계가 진전되지는 못하여 아직은 조심하고 자제한다.

마지막으로 안정된 교환 단계에서는 매우 깊은 개인적인 감정을 표현할 수 있으며, 특히 소유물에 대한 공유가 가능하다. '우리'라는 감정이 생기며 서로에 대해서 비밀이 없다.

이상과 같은 대인관계가 단계적으로 발전해 가는 데는 두 가지 변수가 작용한다. 사회적 침투를 촉진하는 하나의 변수는 당사자들이 서로의 심리적 영역에 상대방이 들어올 수 있도록 마음을 열어놓는 '자기노출(self-disclosure)'이다. 개인이 상대방에 대해서 자기노출하는 주요 이유는 다섯 가지 정도로 정리된다.

첫째, 자신의 마음을 털어놓기 위해서 감정을 드러낸다. 직장에서 곤란한 경우를 당한 후에 자신이 상사나 동료들에게 얼마나 무시당했으며 얼마나 화가 나 있는지 말한다. 이처럼 단순히 자신의 감정을 표현할 수 있는 것 자체가 자기노출의 이유이다.

둘째, 자기 명료화를 위해서 자기를 노출한다. 자신의 감정과 경험을 타인과 함께 나누는 과정을 통해서 자신에 대해 더 명확하게 이해할 수 있다. 직장에서 경험한 어떤 문제에 대해서 친구나 가족에게 말함으로써 그 상황에 대해 더 명료하게 사고할 수 있기 때문이다.

셋째, 사회적 확인을 위해 자기 노출을 한다. 자신의 자기노출에 대해서 타인들이 어떻게 반응하는가를 알아봄으로써 자신의 견해가 얼마나 정확하고 적합한지를 평가할 수 있다.

넷째, 사회적 통제의 수단으로 자기노출을 한다. 예를 들어 개인은 자신의 사생활을 보호하기 위해서 자신에 대해 말하는 것을 의도적으로 억제할 수 있다. 또는 듣는 사람들에게 자신에 대한 호감을 심어주기 위해서 자기노출을 하기도 한다. 예를 들면 직장의 상사는 부하직원들에게 자신의 전문성을 과시하기 위해서 각종 훈련경험이나 자격증 등을 과장해서 말하기도 한다.

다섯째, 타인과의 관계발전을 위해서 자기노출을 한다. 개인들이 서로의 비밀과 정보를 함께 공유하는 것은 관계를 시작하고 그 관계를 친밀하게 발전시켜 나가는 방법이기 때문이다.

사회적 침투를 촉진하는 또 하나의 변수는 '상호성 규범(reciprocity norm)'이다. 상호간의 자기노출 정도는 비슷한 수준으로 이루어져야 하는데 상대방이 너무 빠르고 강하게 다가오거나 반대로 너무 머뭇거리고 지나치게 소극적이라면 당혹스러워하거나 심지어는 위협을 느낄 것이다. 이처럼 자기노출의 상호성 규범이 지켜지지 않을 때, 사람들은 그 관계의 진전에 대해서 제동을 걸고 싶어 한다.

그러므로 진정한 친밀성이란 상대방에 대한 경험과 신뢰의 축적을 필요로 하고 모험과 부담이 뒤따르며 시간이 걸린다. 직장에서도 마찬가지로 동료, 상사, 부하 또는 고객과의 친밀성은 서로 존중하고 신중하게 다루어야 할 문제이다.

2 직장에서의 인간관계운동

직장에서의 인간관계운동은 관리자나 경영자문 전문가들이 작업자들의 욕구를 더 잘 알아내어 인본주의적인 방식으로 그들을 대우해주려는 노력이다. 바꾸어 말하면, 작업자들을 기계의 부속품이 아니라 하나의 인격체로 대우하자는 것이다. 그렇게 함으로써 경영자와 작업자 모두가 각자의 목표를 성취하는 방식으로 직장생활을 하는 것이다. 크라이트너(Kreitner, 1986)에 의하면 인간관계운동은 호손 연구, 노조운동, 산업인본주의에 의해서 꾸준히 영향을 받아왔다.

1) 인간관계운동의 발달

(1) 호손 연구

인간관계학파는 1920년대 후반 미국의 AT&T의 호손 공장에서 실시한 실험에 의해서 시작되었다. 이 실험들은 1924년부터 1932년 사이에 하버드대학의 엘튼 메이오교수를 중심으로 회사의 엔지니어들에 의해서 이루어졌다. 연구자들은 작업자들의 생산성 저하 원인을 밝히기 위해서 과학적 연구방법을 적용하였다.

▸ **엘튼 메이오(Elton Mayo, 1880~1949)**
1920년 하버드경영대학원 산업경영학과 교수.

이 연구는 원래 작업장의 조명도, 통풍 등 물리적 작업조건이 생산성에 미치는 영향을 알아내기 위해서 두 집단을 대상으로 시작되었다. 한 집단에서는 조명도를 높이고, 다른 집단은 조명도를 그대로 유지했다. 일차적으로 얻은 결과에 의하면 조명도가 높아졌을 때 생산성도 증가했다. 그러나 조명도가 다시 원래대로 낮아졌을 때도 생산성은 떨어지지 않았다. 그 이유는 실험에 참가한 작업자들 스스로 회사로부터 자신들이 관심을 받고 있다고 생각했기 때문이었다. 관리자들이 자신들에게 관심을 보이기 때문에 그들도 긍정적으로 반응했던 것이다. 이러한 현상을 '호손 효과'라고 하는데 관심을 받으면 자신들에게 기대하는 대로 반응하기 때문에 사람들의 행동이 달라지는 경향이다. 즉, 원래 실험에서 가정한 대로 조명도에 의해서 작업자들의 생산성이 증가하는 것이 아니라 작업자의 동기, 집단압력, 대인관계 같은 의도하지 않았던 원인들이 생산성 증가를 일으킨다는 것이다.

[그림 6-3] 서부전기회사의 호손 공장
1905년 일리노이 주 시세로에 세워진 호손 공장의 남녀 종업원이 1929년에는 4만 명에 이르렀다. 공장 안에는 사무실, 생산 공장, 병원, 소방서, 세탁소, 온실 등이 있었다.

[그림 6-4] 호손 실험 장면
교대로 근무하는 조립검사실의 여직원들(1930)과 공장 전선작업 부서의 직원들(1925)

이 연구결과에 따라서 메이오와 프리츠 뢰슬리스버거(Fritz J. Roethlisberger)는 6년간에 걸친 후속실험들을 수행하고, 다음과 같은 결론을 내렸다. 첫째 일반적으로 알려진 임금과 같은 경제적 유인물은 작업자들이 높은 수준의 성과를 이루는 데 덜 중요하다. 둘째 리더십과 작업집단의 압력은 작업자들의 만족과 작업성과에 큰 영향을 미친다. 셋째 작업자들의 행동에 영향을 미치는 요인은 사회적 체계와 관련되어 있다. 예를 들어 임금이 작업성과에 미치는 영향을 이해하기 위해서는 작업집단의 분위기와 직무에 대한 태도 등을 알고 있어야 한다.

호손 연구결과에 따라 인본주의적 인간관계학파에서는 이상적인 작업자의 모형을 과학적 관리법의 '경제적 인간(economic man)'에서 '사회적 인간(social man)'으로 바꾸게 되었다. 사람은 금전에 의해서 일하도록 동기화된다고 가정하는 경제적 인간의 개념으로부터 더 가치 있는 이상에 의해서 설정된 사회적 인간으로 대체되어야 한다는 것이 호손 연구의 중요한 시사점이다. 사회적 인간은 사회적 욕구에 의해서 일하도록 동기화되고, 작업을 통한 동료, 상사, 부하 및 고객 등 타인과의 관계에 의해서 보상받기를 원하며, 상사의 통제보다는 동료들의 압력에 더 예민하게 반응한다.

테일러의 과학적 관리법과 메이오의 호손 연구는 모두 생산성 향상에 기여했지만 접근방법은 크게 달랐다. 과학적 관리법은 개인을 강조한 반면 호손 연구는 집단, 특히 비공식집단을 강조했다. 과학적 관리법은 작업 중에 작업자들 간의 사회적 접촉이 생산성을 훼손시킨다고 하여 공식적인 사회적 접촉을 억제한 반면, 호손 연구에서는 사원들 간의 비공식적 접촉을 권장했다. 작업자들은 집단의 구성원이 되어서 동료들과 의사소통할 수 있도록 허용해야 한다고 주장했다. 집단이 개인에게 미치는 힘을 중요시하여 비공식적 집단규범이 생산성에 영향을 미친다는 사실을 강조했다.

(2) 노동조합의 영향

노동자들에 대한 처우개선은 1930년대 대공황 시기부터 시작되었다. 대공황 시기에 노동조합은 노동자들을 조직화하는 노력에 박차를 가했고 열악한 작업조건을 개선하는 데 주력했다. 노조는 작업시간 단축, 임금인상, 취업 미성년자 보호 등을 위해서 투쟁했다.

노동조합 간부와 노조 지지자들은 노조활동의 이익이 노조에 가입하지 않은 비조합원에게도 파급된다고 주장했다. 실제로 노조가 없는 회사의 경영자들은 노조가 결성될 수 있는 가능성을 없애기 위해서 노조가 있는 회사에 상응하는 임금을 지급한다는 것이다. 이러한 상황이 인간관계운동의 성장과정에서도 영향을 미쳤다. 1930년대에 노조활동이 급격히 활발해지자 고용주들은 노조가 설립되면 회사에 부정적인 결과를 가져올 것이라고 두려워했다. 결과적으로 경영자들은 노조설립에 적극적으로 대처할 방법을 찾았다.

인간관계운동에서는 직장에 만족하는 사원은 노조에 가입하려는 성향이 덜할 것이라는 흥미로운 가능성을 가정했다. 그러므로 회사의 중역들은 노조설립을 방지하는 방편으로 직장에서 인간관계훈련 프로그램들을 실시하기 시작했다. 이 프로그램에는 사원들의 고민을 들어주는 상담 프로그램, 휴게실 시설의 확충과 사물함 설치, 부하를 보다 부드럽게 감독하는 것 등이 포함되어 있었다.

[그림 6-5] 1930년대 대공황 시기 실직자들의 모습

그러나 많은 사람들은 노조설립을 막기 위해서 인간관계 기법을 사용한다는 것에 회의를 보였다. 반면 어떤 이들은 그것을 매우 멋진 경영실무라고 간주했다.

(3) 산업인본주의의 경영철학

호손 연구의 부산물로서 작업장에서는 새로운 인간관계에 관련된 경영철학이 생겼다. 메이오는 산업인본주의 경영철학의 발전과정에서 가장 중요한 인물 중의 한 사람이다. 그는 경영자들에게 물리적 요인이나 논리적 요인보다는 정서적 요인이 생산성에 더 중요한 기여를 한다는 점을 환기시켰다. 그는 일을 통해서 작업자들이 개인적 만족을 얻어야 한다고 주장했다.

메리 파커 폴레트(Marry Parker Follett)는 산업인본주의의 발달에서 중요한 인물중 하나이다. 그녀는 경영자문가로 일하면서 작업자들이 일을 더 잘하도록 단순히 명령하기보다는 그들이 일을 열심히 하도록 격려하는 것이 생산성과 민주적 과정에 중요한 요인임을 믿었다. 그러므로 작업장에서 생산성과 민주적 과정에 중요한 요인은 협동과 단결심, 그리고 노력의 조화를 이루는 것이다.

1960년대 인본주의 심리학자인 매슬로우의 욕구위계이론을 비롯해서 더글러스 맥그리거(Douglas McGregor)의 X이론과 Y이론, 윌리엄 오우치(William Ouchi)의 Z이론, 프레드릭 허즈버그(Frederick Herzberg)의 동기-위생이론 등은 직장에서의 인본주의적 관심을 고조시키면서 대인관계의 중요성을 강조한 경영철학들이다.

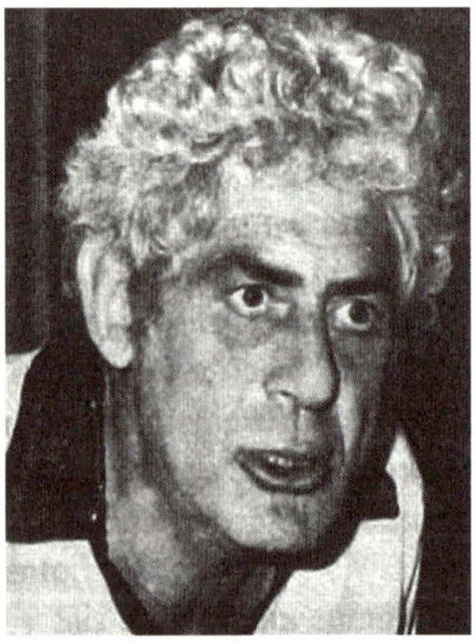

▸ **더글러스 맥그리거(Douglas McGregor, 1906~1964)**_(좌)
인간의 본성을 부정적으로 보는 X이론과 긍정적으로 보는 Y이론이 있다고 주장하였다.

▸ **프레드릭 허즈버그(Frederick Herzberg, 1923~2000)**_(우)

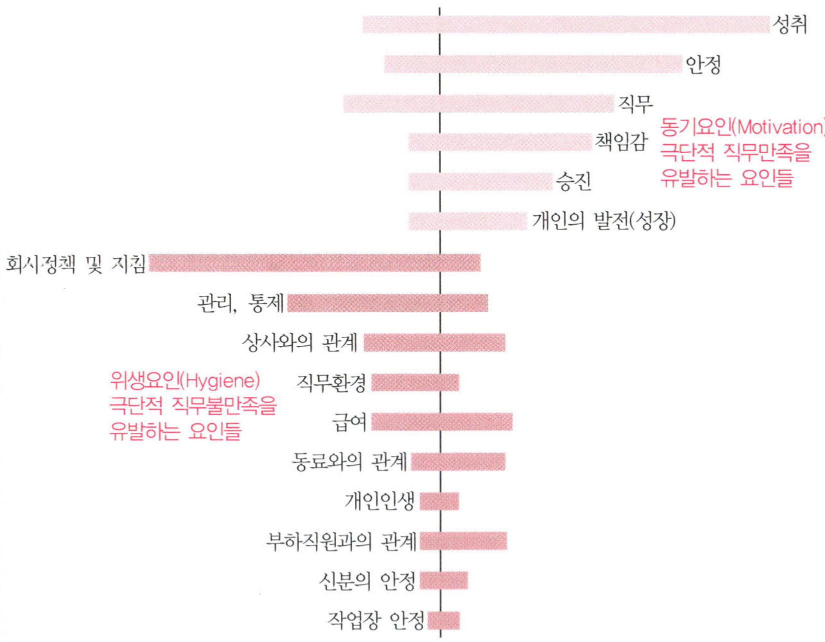

[그림 6-6] 허즈버그의 동기-위생이론 개별 요인

만족과 불만족을 결정하는 동기요인과 위생요인은 별개의 차원이다.

2) 인간관계운동과 실험적 훈련 집단

훈련 집단(Training-group, T-group)은 감수성 또는 민감성 훈련 집단(sensitivity training group), 만남 집단(encounter group), 또는 실험실 훈련 집단(labolatory training group)이라고도 칭하는 인간관계훈련 집단이다. 이 훈련 프로그램은 대인간의 의사소통과 상호작용을 이해하도록 설계된 소집단에서 참가자들이 토론하는 방식으로 진행된다. 이 훈련 기법은 사회심리학자 쿠르트 레빈(Kurt Lewin)의 주도로 1940년대 후반 미국의 메인에 소재한 국가교육연구소(National Training Laboratories)에서 처음 출발하였다. 참가자들은 보통 12명 정도의 집단으로 수 주간에 걸쳐서 하루에 몇 시간씩 만난다. 어떤 경우에는 직장이나 일상생활 장소에서 멀리 떨어진 편안하고 독립된 장소에서 아무런 압력이나 긴장 없이 훈련과정이 진행된다.

이 훈련 집단의 주제는 참가자들의 행동 자체이다. 참가자들은 타인과 자신의 행동과 반응에 대해서 피드백하고 해석 · 평가한다. 또한 자신과 타인들에 대해서 토론하고 장단점을 지적한다. 대화는 솔직하고 개방적이며, 매우 정서적이고 심지어는 적대적일 수도 있다. 점차로 분노나 적개심 등이 토론의 주요 초점이 된다. 참가자들은 자신들의 반응 및 타인들에 대한 해석을 자유롭게 표현할 수 있다. 적개심의 증거를 지적하고 불안과 방어적인 반응 등을 지적할 수도 있다.

훈련 집단의 목적은 다음과 같이 요약할 수 있다. 먼저 훈련참가자가 타인들에게 보여주는 자신의 행동방식과 이유를 이해한다. 둘째, 타인들이 행동하는 이유에 대한 통찰을 얻는다. 셋째, 타인의 말을 듣는 방법을 배운다. 반응에 집착하기보다는 실제로 타인이 하는 말을 듣도록 훈련한다. 넷째, 집단이 작용하는 방식과 여러 상황에서 이루어지는 집단과정에 대한 통찰을 얻는다. 다섯째, 타인들의 행동에 대한 관용과 이해를 높인다. 여섯째, 참가자가 타인들과의 새로운 상호작용 방식을 시도할 수 있는 여건을 만들어주고, 이 방법들이 그들에게 어떻게 영향을 미치는지 피드백을 해준다.

직장에서 인간관계훈련은 1970년대 초에 절정을 이루었다. 인간관계운동은 컨설팅회사, 종교단체, 대학 등에 의해서 널리 퍼져나갔다. 불행히도 그중에 자질을 갖추지 못한 사이비 단체에서도 인간관계훈련 프로그램이 널리 이용되었다. 그 결과 지나친 솔직함과 개인적인 인신공격 등으로 참가자들을 돕기보다는 오히려 해치고 상처 주는 일이 빈번히 발생했다. 반면 긍정적인 측면에서는 참가자들이 타인에 대한 관용과 수용력을 키우고, 자기 통찰과 자기 통제력을 얻었다. 무엇보다도 타인들에 대한 협조적이고 재치 있는 태도를 배웠다.

[그림 6-7] 대인관계 훈련

3 직장에서 좋은 인간관계를 위한 조언

1) 직장생활 인간관계의 중요성

MBC에브리원 〈나인투식스2〉 제작진은 2014년 5월 2일부터 5월 14일까지 공식 홈페이지(www.mbcplus.com)를 통해 남녀 직장인 1,038명을 대상으로 설문조사를 했다. 그 결과 과반수 이상의 직장인이 업무보다 인간관계 때문에 스트레스를 받는 것으로 나타났다. 근무 중 피곤함을 느끼는 요인으로는 인간관계 스트레스(51.2%), 업무 스트레스(24.8%), 운동부족으로 인한 체력저하(6.2%), 술자리 회식(5.4%), 기타(1.2%) 순이었다. 즉 직장에서의 대인관계는 직무 스트레스의 주범인 셈이다.

또한 취업정보 커뮤니티 '취업뽀개기'는 2011년 1일부터 18일까지 20~30대 직장인 498명을 대상으로 '대인관계와 업무 스트레스'에 대해 조사했다. 여기서도 조사결과, 응답자의 59.6%가 직장생활에서 업무보다 대인관계 스트레스가 더 심하다고 답했다. 즉 직장에서의 대인관계는 직무 스트레스의 주범인 셈이다.

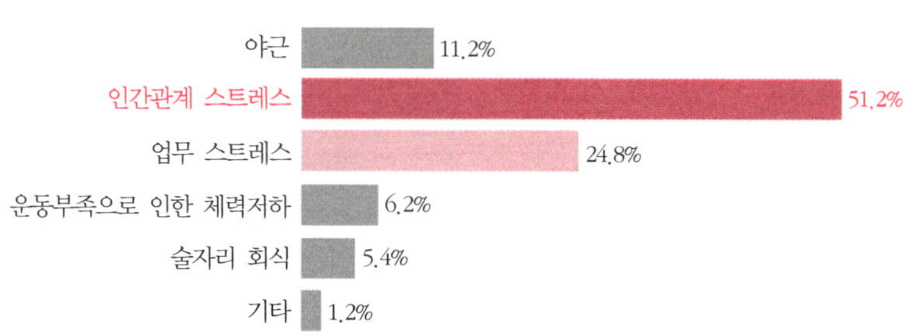

[그림 6-8] 회사에서의 일과 대인관계 스트레스

※ 출처 : MBC에브리원 〈나인투식스2〉

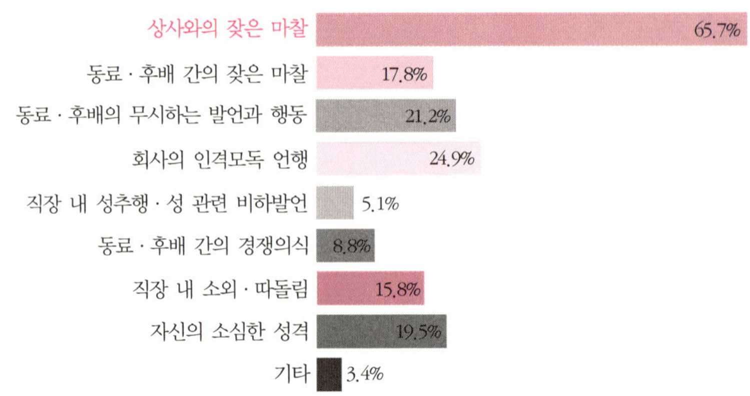

[그림 6-9] 직장생활에서 대인관계 스트레스가 큰 이유

※ 출처 : 취업뽀개기

[그림 6-9]에서 보는 대로 20~30대 직장인들에게 스트레스를 유발하는 대인관계의 내용으로는 '상사와의 잦은 마찰'과 '회사의 인격모독 언행' 이 높은 응답률을 보였다. 그 밖에 자신의 소심한 성격, 동료나 후배와의 마찰이나 직장 내 따돌림, 경쟁의식 등 대인관계 스트레스의 출처가 다양하게 나타났다. 실제로 스트레스를 주는 대상을 묻는 질문에 대한 응답으로 1위가 상사이고, 다음으로 동료, 사장(CEO), 부하직원, 거래처 직원 등의 순서였다. 직장에서 대인관계에 의한 직무 스트레스가 응답자 자신에게 미치는 영향으로 가장 많은 응답이 이직이나 퇴사를 생각하는 것이고, 다음으로 자신감 및 의욕 저하, 업무 효율성 저하, 그리고 동료 간 대인관계 악화 등을 꼽았다.

호손 연구에서 밝혀진 대로 직장에서의 좋은 대인관계는 조직 생산성을 높인다. 뿐만 아니라 개인적으로 정서적인 지원을 주고받으며, 의사소통이 향상되고, 성공적으로 경력을 개발하고 관리할 수 있다. 사기가 오르고, 일에 대한 지식이 증진되고, 작업 중 동료들 간의 협동을 촉진시키는 장점도 있다. 직장 동료, 상사 및 부하는 작업종료 시간에 일을 마칠 수 있도록 돕고, 함께 문제를 해결하고, 필요할 때 도움이 되어준다. 직장에서의 인간관계는 정신건강과 신체인 건강에도 영향을 미친다. 심지어 동료들과 협조적이고 상호의존적인 관계를 유지하는 것이 신체적 건강의 지표가 될 수 있다. 그러나 반대로 대인관계로 인한 직무 스트레스를 경험할수록 직장인들은 불안하고 우울하고 초조하며 소외 등으로 정신적 건강을 해친다. 이것은 결과적으로 조직 수준에서 낮은 생산성뿐 아니라 직장 내 불만, 이직이나 다양한 일탈 행동 등을 유발한다.

사람들은 일주일에 최소한 40시간 이상 직장동료들과 함께 시간을 보낸다. 직장에서 사회적 욕구를 무조건적으로 만족시켜주는 친구란 있을 수 없다. 또 직장동료와 친분을 평생 유지하지도 않는다. 그러나 직장 동료들과 함께 일하며, 그들의 지식과 전문성을 배우는 것은 좋은 일이다.

2) 직장의 비공식집단

직장에는 회사의 공식적인 목표를 달성하기 위해서 구성된 많은 부서들과 집단들이 있다. 이들을 공식집단이라고 한다. 회사의 공식집단들은 회사 기구표 또는 조직도에 잘 드러나 있다. 그러나 직장에는 공식집단 이외에도 개인의 직장생활에 중요한 영향을 미치는 비공식집단들이 있다. 비공식집단은 공식집단이 충족시켜주지 못하는 사회적 욕구 같은 다양한 개인욕구를 위해서 발생한다. 비공식집단의 구성원들은 서로를 알아보고, 상호영향을 미치고, 상호간의 욕구 만족에 기여한다.

직장에는 친교나 취미뿐 아니라 집단 이익, 정치적 이념이나 이데올로기 등 여러 목적의 비공식집단이 존재하면서 조직목표에 긍정적으로 기여하기도 하고 부정적인 영향을 미치기도 한다. 이러한 비공식집단은 다음과 같은 방식으로 사원들의 욕구를 충족시켜준다.

첫째, 비공식집단은 사원들이 동료애를 갖게 한다. 비공식집단은 타인들과 친밀한 관계를 가질 수 있는 기회를 줌으로써 개인들의 사회적 욕구를 만족시킨다. 비공식집단에 소속된 사원은 직장에서 소외감을 느끼지 않는다.

둘째, 비공식집단은 개인의 신념과 행동에 대한 확신을 주고 지원한다. 집단 내 다른 사람의 지지를 받음으로써 중요한 문제에 대한 개인의 주장이나 신념을 표현할 용기를 얻는다.

셋째, 비공식집단에 소속되어 있음으로써 개인의 긴장이 완화된다. 비공식집단의 구성원들은 유머와 장난스러운 행동들을 통하여 자신과 일에 지나치게 심각해지지 않도록 함으로써 집단 내의 긴장을 덜어준다.

넷째, 구성원들이 집단에 대한 정체성을 갖게 한다. 비공식집단은 구성원들이 스스로 어떤 존재가 되었다는 개인적 정체감을 갖게 한다.

다섯째, 비공식집단은 구성원들 간의 의사소통을 증진시킨다. 때로는 작업자들이 자신들의 안녕과 복지에 영향을 미치는 활동에 대해서 무관심해질 때가 있는데, 이때 비공식집단은 그에 관련된 정보를 제공한다.

그 외에도 비공식집단은 구성원들에게 허용되는 행동들에 대한 기준을 설정해주고 구성원들이 이 기준에 따르기를 기대한다. 집단 구성원들의 행동에 대한 기대를 집단규범이라고 하는데 이는 집단의 가치를 나타내며, 집단목표나 개인목표를 성취할 때 구성원들의 행동에 대한 지침을 마련해준다. 예를 들면, 만일 자신과 비교해서 동료가 게으르거나 생산성이 떨어지면 더 열심히 노력하려고 하지 않을 것이다. 이런 행동은 일을 통해서 만족을 얻거나 승진할 기회가 거의 없는 경우에 더 일어날 것이다. 그러나 열심히 노력해서 생산성을 올리면 승진이 가능하고, 모두가 승진하기를 원하는 경쟁적인 상황에서는 집단규범이 달라질 것이다. 설정된 집단규범은 항상 즉각적으로 신입사원들에게 나타나는 것은 아니다. 대부분 집단규범은 문서로 작성되어 있지도 않고 공공연히 거론되는 것도 아니기 때문에 신입사원들은 '복장을 어떻게 해야 할까?' 점심시간으로는 얼마나 쓸 수 있을까? 사원들이 봉급과 회사의 경영정책에 대해서 서로 터놓고 논의할 수 있을까? 일과 관련된 문제가 생기면 직속상사와 상의할 것인가 아니면 스스로 해결할 것인가?' 등을 주의 깊고 예민하게 관찰해야 한다.

3) 직장동료와의 관계

많은 직장인들이 동료와의 관계에서 원만하지 못한 방식으로 접근함으로써 고통을 받는다. 직장동료들은 협력자이기도 하지만 때로는 경쟁자이기 때문에 함께 잘 지내는 것이 중요하다. 대인관계 기술은 천부적인 소질을 필요로 하는 것이 아니기 때문에 얼마든지 학습에 의해서 향상될 수 있다.

(1) 친절하게 대하라

사람들은 친절한 성격을 지니거나 친절한 행동을 하는 사람에게 호감을 느낀다. 직장에서도 좋은 대인관계를 형성하고 유지하기 위해서 상대방에게 자신의 친절한 측면을 보여주어야 한다. 다음은 직장에서 동료들과 잘 지내기 위해서 친절성을 보여주는 구체적인 방법들이다.

① 적극적으로 감사를 표현하고 칭찬하라

직장동료에게 고마움을 표현하고 진정한 마음으로 칭찬하는 것은 그를 중요하고 가치 있는 존재로 인정하는 방법이다. 사람들은 자기중심적이고 칭찬받기를 좋아하며 자신이 능력 있고 괜찮은 사람이라고 생각하는 경향이 있다. 행동주의 심리학자인 버러스 프레드릭 스키너에 의하면 칭찬과 같은 정적강화는 행동을 변화시키는 데 가장 기본이 된다. 칭찬받은 사람은 칭찬받는 행동을 계속할 것이지만 그 행동에 대해서 보상을 못 받으면 그 행동은 곧 사라질 것이다. 직장인이 진정 바라는 것은, 자신이 한 일을 인정받는 것이다. 칭찬이야말로 상대방에 대한 인정을 가장 효과적으로 표현해줄 수 있는 수단이다.

나는 직장동료를 얼마나 자주 비난하고 질책하는가? 동료를 도울 수 있는 기회를 놓친 적이 있는가? 동료의 행동이나 일하는 방법이 당신 마음에 든다면 지체 없이 그 생각을 동료에게 말하는 것이 좋다. 당신의 동료가 훌륭하게 일을 해냈다고 생각되면 당신의 생각을 그에게 곧 알려야 한다. 동료의 장점에 대해서 생각해내고 적극적으로 알리자. 그들은 모두 칭찬을 갈구하는 인간들이기 때문이다.

② 감정이입을 잘하라

동정(sympathy)과 감정이입(empathy)은 다르다. 동정은 다른 사람을 불쌍히 여기는 것이고, 감정이입은 그 사람의 감정을 함께 느끼는 것이다. 그 사람을 비난하고 비판하기 전에 그 사람의 입장에서 생각해보는 것이 감정이입이다. 사전적 의미로 감정이입은 '예술작품 또는 자연대상의 요소 속에 자신의 상상이나 정신을 투사하여 자기와 대상과의 융합을 의식하는 심적 작용'이다. 즉 다른 사람의 입장에서 생각하거나 다른 사람의 감정, 욕구, 사고, 행위를 이해하는 능력이다. 예를 들면 배우나 가수가 자신이 연기하고 있는 역할을 진짜 자기처럼 느끼는 것이다.

성공적인 동료 관계는 상대의 생각과 행동방식을 이해할 수 있느냐에 달려 있다. 옆자리에 있는 동료가 왜 그렇게 다른 사람들을 줄기차게 비난하는지 생각해보라. 당신은 잠시나마 동료의 입장과 위치에서 일하는 자신의 모습을 상상할 수 있는가? 누구나 어떤 행동을 하는 데는 이유가 있기 마련이다. 다른 사람의 입장에 서 보면 이제까지와는 완전히 다른 경험을 하게 되고 세상이 달리 보일 것이다.

③ 친절히 대하라

서로 이름을 부르는 것이 익숙하지 않은 우리 사회에서는 어색할 수도 있지만 직장동료와 대화할 때 그의 이름을 불러주고 얼굴에 미소를 지어 보자. 이것은 상대방의 존재를 인식하고 인격적으로 존중함으로써 그의 자존심을 높여주는 일이다. 상대방이 자신의 이름을 불러준다는 것은 나를 개인적으로 안다는 것이고 나를 단순히 여러 명 중의 하나가 아니라 개인으로서 인정해주는 것이다.

인간관계를 잘 맺지 못하는 사람들은 다른 사람의 이름을 잘 기억하지 못한다고 한다. 그런 사람들은 대부분 처음 소개받은 상대방의 이름을 잠시 후에는 전혀 기억하지 못한다. 이럴 때 상대방의 이름을 잘 기억할 수 있는 방법이 있다. 이름을 소개받은 후 그 사람과 대화하면서 그 사람의 이름을 반복해서 불러보는 것이다. 그러면서 상대의 외모 특징, 표정 등을 주의해서 본다.

미소를 지으면서 인사하면 당신은 매우 친절해 보일 것이다. 특히 처음 만나는 자리에서 표정 없는 상투적인 인사는 관심이 부족하여 상대방에게 몰입하지 않음을 보여준다. 의사소통 전문가들은 이런 상투적인 대화를 '평행선 대화(parallaction)'라고 부른다. 두 사람의 대화가 평행선을 이루며 건성으로 상호작용하여 서로에게 몰입하지 않는다는 것이다.

반면 대화하면서 상대방에게 미소를 짓는 것은 온화함, 유쾌함, 행복을 전하는 것이다. 미소 짓는 것이 처음에는 어색하더라도 노력해야 한다. 심리학자들에 의하면 감정 뒤에는 그에 걸맞는 행동이 뒤따른다. 행복한 감정을 표현하면 행복한 행동이 이어진다. 즉, 먼저 미소 짓고 인사를 하면 상대방으로부터 다시 미소와 인사를 되돌려받고 직장 분위기는 보다 더 유쾌해질 것이다. 미소는 선의, 좋아함, 긍정적 태도를 전하며, 당신의 인격을 높여주므로 당신과 직장동료 모두에게 이익이 된다.

④ 개인적인 관심을 보여라

사람들은 대화할 때 보통 자기 중심적으로 말을 한다. 그러나 동료와의 대인관계를 좋게 하기 위해서는 자신보다는 동료가 말할 수 있는 기회를 더 주어야 한다. 직장동료의 취미, 가족, 직무에서의 구체적인 과제 등에 대해서 관심을 갖고 질문하는 것은 좋은 전략이다. 지난 휴가나 새로운 경력 등에 대해서 개인적인 대화를 갖도록 하자. 동료들이 당신에게 자신에 대해서 말하도록 만들면, 그는 당신을 주변에서 가장 대화가 가능한 인물로 생각할 것이다. 사람들은 일반적으로 자신에게 관심을 보여주는 상대에게 관심을 보이기 마련이다.

직장동료에 대한 관심은 곧 사생활에 대한 관심이고 지나치면 사생활 침해가 될 수 있다. 하지만 경조사와 생일, 기념일 정도는 기억하고 축하하거나 위로해주는 것이 원만한 대인관계에 좋다.

⑤ 최소한의 예의는 지켜라

사람들은 대체로 가족이나 친구들에게는 격의 없이 대한다. 하지만 매일 만나는 직장동료들에게 지나치게 스스럼없이 대하는 것은 결코 바람직하지 못하다.

직장동료에게는 기본적인 예의를 갖추어야 한다. 예를 들어서 남성들은 여성 직원과 단 둘이 함께 실내에 있다면 반드시 문을 열어두어야 한다. 처음엔 상대가 개의치 않았더라도 그렇게 하면 당신에게 고마워할 것이다. 또한 동료가 당신을 위해서 베풀어준 도움이나 친절이 비록 사소한 것일지라도 그 동료에게 고맙다는 말을 꼭 잊지 말아야 한다.

예의를 지키는 것은 비용이 거의 들지 않지만, 개인이나 회사로서는 얻는 것이 매우 많다. 그러므로 상대가 누구이든 직장에서의 지위에 관계없이 예의를 지키는 것이 좋다. 만일 당신이 동료를 배려하지 못한다면 누가 당신에게 협조적일 수 있겠는가.

(2) 동료들과의 의사소통에 힘써라

직장에서 동료들과의 좋은 관계를 형성하고 유지하기 위해서는 의사소통이 원활해야 한다. 다음은 직장에서 효과적으로 의사소통하는 방법들이다.

① 상대의 말에 귀를 기울이는 경청기술

대부분의 사람들은 남의 말을 경청하는 기술이 부족하다. 상대방의 말을 경청하기 위해서는 의사소통에 대한 전체적인 태도가 바뀌어야 한다. 남의 말을 잘 들어줌으로써 일과 직장동료 및 상사와의 관계가 향상된다.

직장에 일하면서 사람들은 온갖 정서를 경험한다. 그 정서가 어떤 것이든 주변 사람들도 그 정서를 함께 경험한다. 동료들이 당신에게 재미있는 사건이나 유머, 인생에 대한 철학을 말할 때 그의 말에 귀를 기울여줌으로써 그가 보상받는 경험을 갖도록 기회를 주자. 사람들은 타인보다는 자신에 대해서 더 관심이 많기 때문에 자신과 자신이 이룩한 성취에 대해서 말하도록 허용한다면 스스로 보상받는 경험을 할 것이다.

직장동료 중에서 우울하고 걱정과 근심이 많은 사람들은 누군가가 그의 말을 들어줌으로써 좋아질 수 있다. 그는 자신에 대해 말하는 중에 자신의 문제가 무엇인지를 알아차릴 수 있다. 당신이 한 일은 아무것도 없이 단지 그 사람의 말에 공감하면서 들어준 것뿐이다. 직장동료의 말을 들을 때는 미소와 고개를 끄덕여 반응하고, 성급한 판단과 조언은 하지 말자. 상대방의 말을 되새겨주고, 질문을 하고, '그래서?' '응' '알겠어' 같은 말로 적극적으로 경청하자.

② 재치 있고 풍부한 책략

만약에 동료들과의 대화 중에 불평하거나 비판해야 한다면, 적절한 기회를 이용해야 한다. 누구든지 다른 사람으로부터 자신이 독선적인 사람 또는 고집 센 사람 등으로 평가받는 것을 원하지 않을 것이다. 당신이 합당한 이유로 동료에게 불평이 있을 때도 상대방의 적대감을 일으키지 않고 당신의 생각을 말하도록 노력해야 한다.

가령, 당신과 정치적인 견해가 다른 동료가 있다고 하자. 그의 능력이나 자존심을 들먹이면서 그가 얼마나 잘못되었나를 공격하는 것보다는 다른 전략을 써야 한다. 예를 들면 "나는 그런 식으로 생각해 보지 못했는데, 당신의 의견은 그렇군요." 또는 "내 생각이 옳지 않을지도 모르지만 내 의견을 존중해주면 좋겠어요."라고 말해보자. 이러한 태도는 동료들 간의 좋은 관계와 협조적인 분위기를 유지하는 데 매우 도움이 된다.

당신이 동료에게 '잘못했다, 실수했다, 무식하다, 멍청하다' 등으로 말한다면 잠시 동안 당신의 속은 시원할지 모르지만, 당신은 주변에 많은 적을 만들고 말 것이다.

③ 불평과 불만은 가급적 피하라

불평을 말하는 것은 당신이 무엇인가 해소했다는 느낌을 얻을 수는 있으나, 상대에게는 끝없는 하소연을 들어야 하는 부담이다. 이런 경우에는 불평이나 불만을 토로할 것이 아니라 행동을 취해야 한다. 급료가 공정하지 않으면 상사에게 말하고, 상사가 당신에게 공정치 못하다면 그러한 불평이 당신 혼자만의 생각인지 아닌지를 판단해야 한다.

그 결과, 만일 당신이 부당하게 대우받는다는 확신이 있다면, 당신의 작업관련 기록들을 살펴보자. 당신의 작업기록을 객관적으로 살펴본 후에도 여전히 공정성에 대해서 의심이 가면 그때는 강한 주장을 할 수 있다. 그럼에도 불구하고 만일 회사가 아무런 조치도 취하지 않는다면, 다른 직장으로의 이직도 고려할 수 있다. 만일 그럴 의사가 없거나 그렇게 할 수 없다면 불평을 그쳐야 한다. 상황을 바꿀 의지도 없는 당신의 불평을 들어줄 사람은 아무도 없다.

④ 긍정적인 태도를 유지하라

직장생활에서 긍정적인 태도는 직장의 성공과 행복한 사람이 되는 것을 약속한다. 긍정적인 태도를 유지하는 비결은 무엇이든 어느 한 가지만이라도 긍정적인 태도를 형성하면 된다. 그러면 다른 것에 대해서도 긍정적인 태도가 확산될 것이다. 개인생활이나 사회생활에서 긍정적으로 생각하는 사람이 되려고 노력한다면, 직장생활도 활기차게 할 수 있다. '직장은 힘들지만, 우리의 의식주를 해결해주는 고마운 곳이다'라는 식의 긍정적인 생각을 실제로 표현해보자.

또한 직장동료와 상사에게서 좋은 점을 찾도록 노력하자. 누구나 장점을 지니고 있기 마련이다. 마찬가지로 당신이 속한 부서의 좋은 점을 찾도록 하자. 당신은 직장의 근무시간, 주변환경, 동료를 좋아하는가? 완벽한 것은 아무것도 없지만, 당신과 동료들은 부정적인 측면들을 지속적으로 개선해 나갈 수 있다. 부정적인 태도를 갖고 있는 동료나 상사에게 말려들지 않도록 하자.

승진 기회, 마음에 드는 봉급제도나 부가급부는 있는가, 당신의 회사는 봉급은 적지만 안정된 직장인가 등 회사의 장점을 찾아보는 것도 긍정적인 태도 유지에 도움이 된다.

(3) 동료의 귀찮은 행동과 갈등에 대처하는 방법

① 귀찮은 행동에 대처하는 방법을 배워라

재미있고 즐거운 동료들은 우리의 생활을 풍요롭게 만든다. 그러나 우리 주변엔 불쾌하고 고집 세고 우울하고 공격적이며 귀찮은 동료들도 있다. 다음은 직장에서 주변 사람들을 짜증나게 하는 행동, 습관 및 버릇들을 목록으로 예시한 것이다.

[표 6-1] 직장동료의 짜증나는 유형

구분	직장 동료의 짜증나는 행동 유형
행동	- 외설스러운 농담 - 공격적이고 저속한 언어 - 특정집단, 지역인, 성에 대한 멸시 - 어법에 맞지 않는 대화 구사 - 듣기 거북한 소리(징징거리기, 낮거나 높은 목소리, 짜증나는 목소리 등) - 만성적인 불평불만 - 다른 사람 말에 끼어들기 - 수다 떨기
습관	- 코를 킁킁대는 것 - 손가락 관절에서 소리내기 - 휘파람 불기 - 안면경련이나 기타 신경증적인 버릇
기타	- 직장에 맞지 않는 복장(최신유행 옷, 지나치게 남루한 복장 등) - 지저분하고 어수선한 작업 공간

이런 바람직하지 않은 행동들에 대해서 어떻게 대처할 수 있을까? 먼저 어떤 행동들은 개인의 기본 성격특성과 밀접히 관련되어서 변화가 힘들다는 사실을 인정해야 한다. 그러나 때로는 직장동료의 행동이 다른 사람을 괴롭힌다는 사실을 알려주어야 한다. 대부분의 사람들은 자신이 동료들을 괴롭힌다는 것을 알지 못하는 경우가 많다. 이들에게는 현명하게 말해주어야 하는데, 상대방의 단점을 지적할 때는 공격적으로 비난하거나 책망하지 말아야 한다. 예를 들어서 말끝마다 '있잖아'를 반복하는 사람을 가정해보자. 그는 동료에게 말할 때나 고객에게 설명할 때, '있잖아'를 되풀이할 것이다. 그럴 때마다 동료가 웃으면서 '없는데'라고 말하면, 처음에는 당황하지만 무슨 뜻으로 그렇게 말하는지 곧 알아챌 것이다. 그 뒤로는 '있잖아'라고 말할 때마다 동료를 쳐다보면서 '이런, 또 그랬군'이라고 말할지도 모른다. 얼마 안 가서 그의 군더더기 말은 없어질 것이다.

사람들은 항상 협조적인 것이 아니기 때문에 그들의 바람직하지 않은 행동이나 버릇에 대응할 때는 직접적인 방법과 간접적인 방법을 모두 사용해야 한다. 사무실에서 휘파람을 불어대는 동료가 있다면 한 가지 이상의 방법들을 시도해보자. 먼저 그가 부는 휘파람 때문에 당신이 방해받는다는 사실을 분명히 전해야 한다. 필요하다면 그에게 훌륭한 에티켓에 대해서 알려줄 수도 있고, 제삼자를 관여시킬 수도 있다. 이런 방법들이 실패하고, 동료의 성가신 행동이 당신의 일을 계속 방해한다면 상사에게 말할 수도 있다. 상사는 어떤 조치를 취하거나 또는 당신과 다른 관점에서 그 문제를 해결하려고 할 것이다.

어떤 사람은 모난 성격을 갖고 있어 부하나 동료, 상사에게 자기 고집을 세운다. 그런 사람들은 주변 사람들을 성가시게 만들기 때문에 사람들은 그와의 접촉을 꺼린다. 그런 사람에게 시도할 수 있는 방법은 객관적이고 무비판적으로 당신의 느낌과 관찰한 사실을 반복적으로 전한다. 타인의 감정을 고려해야 한다는 사실을 지적해야 한다. 그런 사람이 당신에게 도전하고 적대감을 보이더라도 침착하고 냉정하게 대해야 한다.

항상 상사와 같은 말투로, "이봐, 이리와 봐."라는 식으로 말하는 동료가 있다고 가정해보자. 그가 고갯짓으로 부르면 당신은 화가 날 것이다. 이런 상황에서 당신은 어떤 선택을 할 것인가? 속으로는 부글부글 끓으면서 그의 요구를 들어줄 것인가 아니면 꼼짝하지 않고 못들은 척 할 것인가? 그러나 이상과 같은 전략들은 어느 것 하나 효과적인 것이 없다. 이럴 때는 타인을 비난하거나 모욕을 주지 않는 '나-메시지(I message)'를 활용해보자. 나-메시지는 우선 어떤 사람에게 감정을 말할 때 비판, 불평, 비난 등을 하지 않는다. 그리고 나를 주어로 상대방의 말과 행동이 나에게 미친 영향을 구체적으로 이야기한다. 분노, 상처, 비참한 느낌 등 나의 감정을 솔직히 전달하되 내 이야기가 끝나면 상대의 말을 경청한다.

나-메시지를 진술하면 다음과 같이 될 것이다.

"나는 당신이 ○○○○○ 할 때 ○○○○○을 느낀다.
왜냐하면 ○○○○○ 때문이다."

반면 '너-메시지(you message)'를 보내면 상대방이 분개하므로 관계를 손상시킬 우려가 있다. 결국 "당신 때문에 화가 나."라고 하기보다는 "나는 당신의 무례한 태도 때문에 화가 나."라고 하는 것이 더 좋다.

② 자기주장을 하라

'자기주장'이라는 말은 글자 그대로 자신의 의견과 권리를 표현하며, 필요할 때는 타인의 권리와 감정을 방해하지 않고도 '아니오'라고 말할 수 있는 것을 의미한다. 수줍어하는 사람은 타인이 자신을 조종하도록 내버려두지만 자기주장을 할 수 있는 사람은 두 사람 사이의 조화를 꾀한다.

어떤 사람들은 자기주장하는 방법을 배우지 못해서 자기주장적인 사람이 못되고, 또 어떤 사람들은 자존감이 매우 낮아서 자기주장적이지 않다. 그들은 자신의 생각과 느낌을 표현할 만큼 자신들이 훌륭하고, 멋지고, 능력 있는 것을 모른다. 이유가 무엇이든 자기주장을 하는 사람이 되고자 한다면, 다음의 기법을 알아두자.

가. **지속적인 주장 기법**(the broken-record technique)

이 기법은 상대방을 자극하거나 분노를 일으키지 않고 자신의 요구를 반복해서 주장하는 것이다. 자신이 원하는 것을 얻거나 상대방이 타협에 동의할 때까지 냉정함을 잃지 않고 반복하여 자기주장을 관철하는 것이다.

나. **연막치기**(fogging)

이 기법은 비판에 대한 역공격이나 방어를 받지 않고 교묘한 비판에 대처하도록 도와준다. 개인은 마치 안개 짙은 제방에 서 있는 것과 같다. 짙은 안개 속에 서 있는 개인은 아무도 볼 수 없다. 그리고 침투에 대한 저항이 없다. 이 기법은 저항이 없고 강력한 심리적 표면을 만들어주기 때문에 적극적인 대처를 가능케 한다. 다음의 예를 읽으면 이 기법에 대해서 좀 더 분명히 이해할 수 있을 것이다.

부　장 : 사무실에서 그렇게 튀는 옷을 입으면 안 돼요.

직　원 : 부장님 말씀이 맞아요. 제가 큰 실수를 했어요.

부　장 : 실수? 지금 실수라고 했나요? 그것은 실수라기보다는 기본적인 문제예요.

학습자 : 맞습니다. 저는 개선할 점이 많아요.

부　장 : 옷 하나도 제대로 입지 못하면서 일은 잘 해낼 수 있어요.

학습자 : 옷을 잘 못 입은 건 사실이지만, 일은 잘할 수 있어요. 믿어주세요.

③ 갈등처리 방법을 배워라

직장동료들과 잘 지내기 위해서는 다양한 대인관계 기법을 사용할 수 있다. 그렇지만 대부분의 사람들은 항상 합리적이거나 논리적이지 않으며 의견 불일치와 오해가 종종 일어난다. 이런 상황에서 갈등은 피할 수 없다. 그러나 갈등이 반드시 나쁜 것만은 아니다. 갈등이 없다는 것은 의사소통이 없어진다는 신호일 수도 있기 때문이다. 갈등은 그 자체가 나쁜 것이 아니라 그것을 해결하지 못해서 직장이나 사원들 모두에게 해가 되기 때문에 나쁜 것이다.

갈등은 다음과 같이 건전한 측면을 가진다. 첫째, 갈등은 생활을 역동적이고 흥미롭게 만든다. 둘째, 갈등은 인간관계에서 해결되어야 할 문제점들을 깨닫게 한다. 셋째, 갈등은 그것을 해결하려는 동기를 증가시킨다. 넷째, 갈등은 자신이 어떤 사람인가를 이해하게 하여 개인적 성장을 돕는다. 다섯째, 갈등은 해결되는 과정을 통해서 실제로 대인관계를 더 깊고 강하게 만들어준다.

직장에서 동료나 상사 또는 고객과 갈등이 있다고 해서 그것을 승자와 패자의 관계로 파악하지 말아야 한다. 갈등에서 승자가 되더라도 장기적으로 보면 그 사람과의 우정을 상실할 수 있다. 갈등은 분노, 원한, 두려움, 좌절, 불안 같은 감정을 일으킨다. 그러나 의사소통의 통로가 열려 있으면 해결될 가능성은 얼마든지 있다. 갈등이란 상호적으로 해결되어야 할 문제이다. 그리고 양방은 함께 승자가 될 기회가 더 많다. 다음은 데이비드 존슨(David Johnson, 1981)이 제시한 갈등 해소의 다섯 가지 전략들이다.

가. 거북이의 후퇴(Turtle-withdrawing)

거북이가 외부 위협이나 갈등을 피해서 껍질 속으로 숨듯 갈등상황으로부터 일단 후퇴하는 전략이다. 의견충돌을 보이는 사람과 정면으로 맞서기보다는 자신의 목표를 포기한다. 그러나 이 때 개인은 무력감을 느끼고 갈등을 해소하려는 노력은 희망이 없다고 믿는다.

나. 상어의 정면대결(Shark-facing)

갈등 대상자에게 자신의 해결법을 받아들이도록 압력을 가한다. 이런 전략을 사용하는 사람은 자신의 목표는 매우 중요하지만 상대와의 관계는 덜 중요하다. 어떤 대가를 치루더라도 자신의 목표를 달성하고자 원하며 타인의 욕구에는 관심조차 없다. 타인을 공격하고, 제압하고, 압도하고, 위협해서라도 승리하려고 한다. 이러한 사람은 승리함으로써 자부심과 성취감을 느끼지만 패하면 실패감, 허약감, 부적절감을 경험한다.

다. 테디 곰의 원만한 해결(Teddy bear-smoothing)

이런 전략을 사용하는 사람들에게는 자신의 목표보다는 상대와의 관계가 더 중요하다. 이들은 타인에게 자신이 받아들여지고 그들로부터 호감 얻기를 바란다. 그러므로 타인과의 갈등은 피해야 한다. 갈등이 지속되고 누군가 다치며 관계가 나빠지는 것을 두려워한다. 관계가 악화되는 것을 두려워하기 때문에 갈등을 원만하게 해결하려고 노력한다.

라. **늑대의 타협**(Fox-negotiation)

이런 전략을 사용하는 사람들은 자신의 개인적 목표뿐만 아니라 타인과의 관계에서도 적절한 정도로 관심이 있다. 또한 자신의 목표 중 일부를 포기하고 타인도 똑같이 그렇게 해주기를 설득한다. 양측이 중간 정도에서 서로 원하는 것을 얻는 식으로 갈등을 해결하도록 모색한다.

마. **부엉이의 직면**(Owl-confronting)

이런 전략을 사용하는 사람들은 개인의 목표와 상대의 관계가 모두 가치 있다고 생각하며 갈등이란 해결되어야 할 문제라고 간주한다. 자신의 목표와 상대의 목표를 모두 성취할 수 있는 해결책을 추구한다. 모든 사람들이 만족하여 긴장과 부적 감정이 해소될 해결책이 얻어질 때까지 만족하지 않는다.

4) 상사와의 대인관계

대인관계에 대한 많은 심리학의 원리들은 상사와 잘 지내는 방법에 대해서도 적용될 수 있다. 상사에게 고마움을 표시하고, 친절하고, 예의를 지키고, 그의 말을 경청하면 상사는 매우 고마워할 것이다.

여기서 논의할 기법들은 상사와의 관계를 발전시키는 방법으로 사용되고 검증된 것들이다. 개인과 상사는 개인 자신이 맡고 있는 직무의 성공이나 실패에 가장 중요한 사람이다. 마이클 르뵈프(Michael LeBoeuf, 1985)는 개인이 부하로서 상사를 잘 대하는 것은 바람직한 정도가 아니라 절대적인 기본이라고 주장한다.

(1) 맡은 일에 최선을 다하라

직장상사에게 강렬한 인상을 심어주는 첫 번째 일은 맡은 일을 잘하는 것이다. 협조, 예의 지키기, 의사소통을 아무리 잘해도 일을 잘하는 것만 못하다. 어떤 사람들은 교육, 경험, 적성과 능력, 흥미 등이 부족해서 일을 잘하지 못한다. 일을 좋아하고 잘하고 싶다면 할 수 있는 일은 무엇이든 하면 된다. 직장 일을 더 잘하기 위해서 학원에 등록하고, 퇴근 후에 별도로 연습할 수도 있다. 다른 사람들이 일하는 것을 관찰하고 배울 수도 있다. 자신이 할 수 있는 가장 중요한 투자는 무엇보다도 회사를 위해서 최선을 다하는 것이다. 상사는 일만 잘하는 부하보다는 맡은 일에 최선을 다하고 노력하는 부하를 높이 평가할 것이다.

(2) 일을 통해서 상사의 신뢰를 얻어라

상사에게 자신이 믿을 만한 부하라는 것을 알리는 가장 좋은 방법은 결근하지 않고 정확한 시간에 출근하는 일관성을 보여주는 것이다. 항상 지각하는 직원의 경우를 생각해 보자. 그 이유로 교통장애, 버스운행 시간의 지연, 자동차 열쇠 분실 등 몇 가지 변명거리가 있겠지만, 제대로 출근하지 않는 부하를 상사가 긍정적으로 평가하기란 매우 어려운 일이다. 번번히 늦는다고 전화하고 결근하는 습관을 갖는다면, 상사로부터 '믿을 수 없는 사람'이라는 평가를 받을 것이다.

(3) 상사의 장단점을 잘 알아두라

부하와 상사는 각자 할 일이 있고 그 일은 서로 의존적이기 때문에 많은 공통점을 지닌다. 그렇기 때문에 상사에 대해서 객관적인 정보들을 많이 수집해두어야 하고 동시에 자신에 대해서도 가능한 객관적으로 살펴보아야 한다.

[표 6-2] 상사에 대한 정보 수집과 자신에 대한 평가

상사에 대한 정보 수집	자신에 대한 평가
- 상사의 목표를 달성하도록 내가 도울 수 있는 방법은 무엇일까? - 상사는 무엇을 좋아하고 어떤 보상을 바랄까? - 상사는 정보를 공개할까 아니면 혼자만 알고 있을까? - 상사는 일에서 어떤 압박을 받을까? - 누가 상사의 동지이고 적인가? - 상사는 당신이 일을 만족스럽게 하도록 어떻게 돕는가? - 상사는 당신이 책임지고 일하도록 맡기는가 아니면 일일이 간섭하는가? - 상사는 하루 중 어느 시간에 가장 최선으로 일하는가? - 상사가 가장 잘하는 일은 무엇인가? - 상사가 가장 싫어하는 일은 무엇인가? - 상사는 일을 한 번에 하나씩 하는가 아니면 여러 일을 벌여놓고 하는가? - 상사의 학력과 경력은 무엇인가? - 상사는 관심을 끌 만한 독특한 버릇이나 특징을 지니고 있는가?	- 내가 직장에서 원하는 것은 무엇인가? - 내가 하는 일의 좋은 점과 싫은 점은 무엇인가? - 나는 철저한 감독을 원하는가? - 나는 스스로 일하는가 아니면 누군가의 도움이 필요한가? - 나는 어떤 종류의 일에 싫증이 나는가?

자신과 상사가 지닌 각자의 장단점을 평가한 후에 서로의 약점을 보완하는 것이 바람직하다. 만일 상사가 부족한 부분이 있으면 부하가 도울 수 있을 것이다. 상사가 여러 사람들 앞에 나서기를 좋아하지만 연설문을 쓰는 데 소질이 없다면 부하가 그를 도와줄 수 있다. 만일 두 사람 모두 아침 일찍부터 움직이는 사람이라면 업무를 위한 중요한 만남을 아침시간에 정할 수 있을 것이다. 서로 최선을 다해서 돕고 보완함으로써 맡은 일을 처리하는 데 협조와 조정이 가능하다.

(4) 상사에게도 정적 강화를 활용하라

부하가 상사를 승진시키거나 일을 맡길 수는 없다. 그러나 상사의 좋은 의견에 대해서 아끼지 않고 칭찬할 수 있을 것이다. 일선 감독자들로부터 중역에 이르기까지 모든 상사들은 자신의 판단에 중압감을

느낀다. 그들은 거절당하고, 비판받는 것, 판단을 잘못하는 것 등에 대해서 걱정한다. 따라서 이들은 때때로 다른 사람의 지지를 원한다. 상사가 업무 문제를 잘 해결했다고 생각되면 지체 없이 상사를 칭찬하는 것이 상사와 잘 지내는 좋은 방법이다.

(5) 충성심을 보여라

부하직원으로서 회사에 충성한다는 것을 적극적으로 표현해야 한다. 단순히 말로만 하는 것이 아니라 다른 방법들로 할 수도 있다. 예를 들어서 회사의 상품을 사서 쓰는 것도 회사에 대한 충성심을 표현하는 방법이다. 전자회사에 근무하는 사람이 집 안에 온통 다른 회사나 외국제 전자제품을 들여놓았다면 회사에 대한 충성심을 의심받을 것이다.

(6) 상사와 친분을 유지하라

상사와 개인적인 친분을 유지하기 위해서는 정기적으로 상사와 만나도록 노력하라. 상사에게 자신의 성취, 희망, 활동 등에 대해서 알려라. 그렇지 않으면 상사는 부하의 관심사, 흥미, 목표를 알 수 없다. 만일 자신이 맡은 일을 더 잘하기 위한 훈련이나 교육과정에 등록했다면 그 사실을 상사에게 알려라. 승진하기를 원한다면 그것도 상사에게 알려라. 말하지 않으면 상사는 그 부하가 현재의 상태에 만족한다고 생각할 것이다.

(7) 상사와 대화하라

상사와 대화하는 것은 관계를 유지하는 또 다른 방법이다. 모든 관계가 그렇지만 직장에서 관계의 기본은 의사소통이다. 도움이 필요하면 상사에게 도움을 요청하라. 상사도 업무를 망치거나 시간을 낭비하는 것보다는 부하가 상사의 도움을 요청하는 것을 더 바랄 것이다. 상사가 부하를 돕는 것은 그의 임무 중 하나이다. 그리고 상사는 자신이 부하에게 도움이 된다는 생각을 가질 수 있다. 그러나 상사에게 너무 많은 도움을 요구하면 상사는 당신이 무능하다고 생각할지도 모른다.

⑻ 상사의 권위를 인정하라

부하가 상사에게 비굴하게 굴어서 부하 자신의 품위를 떨어뜨리도록 요구하는 상사는 아무도 없다. 상사에게 존경심을 보이라는 것은 항상 상사의 언행에 동의하지는 않더라도 상사의 권위를 인정하라는 의미이다. 때로는 상사에게 일과 관련된 조언과 충고를 구하고 그에 따르라는 것이다. 회사 방문객이나 고객 앞에서 상사의 지위에 맞도록 예의를 갖추어서 대하는 것도 매우 중요하다.

⑼ 회사의 명령계통을 잘 지켜라

직속상사가 확실하게 잘못되도록 하는 방법은 부하가 상사의 문제와 불평을 윗선으로 직접 갖고 가는 것이다. 또 다른 방법은 상사에 대한 불평을 온 회사에 비밀스럽게 퍼뜨리는 것이다. 이렇게 상사를 뛰어넘는 행위는 바람직하지 않다. 왜냐하면 노련한 경영자들은 부하가 그러나 직속상사와 논의하지 않는 문제는 들어주려고 하지 않기 때문이다. 만일 상사와 좋은 관계를 유지하려면, 문제를 그에게 직접 갖고 가야 한다. 만일 그가 그 문제를 해결할 수 없다면, 상사보다 상급자에게로 갈 예정이라는 것을 미리 알려주어야 한다.

⑽ 자신이 갖고 있는 대안들에 대해서 고려하라

상사가 까다롭고, 혹독하고, 무능하고, 공정하지 못하다면 어떻겠는가? 상사와 잘 지내기 위해 할 수 있는 모든 시도를 다 해보았지만 여전히 상사를 대하기 어렵다면 어떻겠는가? 상사와의 관계가 좀처럼 개선되지 않는다고 해서 사직한다면 그것은 장기적으로 볼 때 현명하지 않다.

상사로부터 배울 것이 전혀 없지만 다른 대안이 없다면 기꺼이 웃으면서 참아내라. 부하로서 무능한 상사를 해고시킬 수는 없다. 그렇기 때문에 가능한 한 자신의 일에 최선을 다하고, 직장 내의 다른 사람들과 의사소통을 잘하여 자신의 능력과 상사의 무능력이 구별되도록 노력해야 한다. 거칠기는 하지만 함께 지낼 만한 상사 어쩌면 좋은 도전거리가 될 것이다. 그런 상사 밑에 있는 부하는 더 열심히 노력할 것이다. 대부분의 상사들은 함께 지낼 만하기 때문에 부하들은 상식과 인내, 지구력을 동원하여 일을 해낼 수 있다. 상사와 장기적으로 서로 만족할 수 있는 관계를 형성하려면 많은 시간과 노력을 필요로 한다.

김혜숙(1993). 신체매력이 대인지각과 인사평정에 미치는 영향, 한국심리학회지: 사회, 7, (2), 46~62.

성균관대학교산업심리학과 편(1995). 산업 및 조직심리학, 박영사: 서울.

양윤(2008). 소비자심리학, 학지사: 서울.

유태용(1995). 한국기업의 신입사원 선발방법에 관한 실태조사: 1992년~1994년을 중심으로, '95 추계학술발표대회 발표논문집, 한국산업 및 조직심리학회, 17~33.

이정모(1996). 인지과학의 제 문제1 : 인지과학적 연관, 성원사: 서울.

鄭漢澤 편(1982). 韓國心理學 60年史, 博英社: 서울.

차정은(1998). 직업심리검사 활용실태와 발전방향, 1998년 한국 산업 및 조직심리학회 춘계 학술 발표대회 - IMF 시대의 실업문제와 산업 및 조직심리학 - , 한국 산업 및 조직심리학회, 75~95.

차재호(1976). 한국심리학의 역사, 현황 및 사회과학 협동연구의 방향, 사회과학논문집1, 서울대 사회과학대학.

최상진(2000). 한국인 심리학, 서울: 중앙대학교 출판부.

한국심리학회 편(1996). 한국심리학회 50년, 교육과학사: 서울.

한덕웅 · 황소정(1999). 집단수행상황에서 유사성-매력가설의 검증, 한국심리학회지: 사회 및 성격, 13, (1), 255~275.

Altman, I., & Taylor, D.A.(1973). Social penetration: The development of interpersonal relationships, New York: Holt, Rinehart & Winston.

Anderson, N.H.(1966). Component ratings in impression formation. Psychonomic Science, 6, 279~280.

Anderson, N.H.(1968). Likeableness ratings of 555 personality-trait words. Journal of Personality and Social Psychology, 9, 272~279.

참고문헌

Aronson, E., Willerman, B., & Floyd, J. (1966). The effect of pratfall on increasing interpersonal attractiveness. Psychonomic Science, 4, 227~228.

Atkinson, R.L., Atkinson, R.C., Smith, E.E., & Hilgard. E.R.(1987). Introduction to psychology(9th ed.), Harcourt Brace & Company, Orlando, FL, U.S.A.

Bryan, W.L., & Harter, N.(1899). Study in the physiological and psychology of the telegraphic language, *Psychological Review, 6*, 345~375.

Carson, R.E.(1972). *The current status of judgemental techniques in industry*, Paper presented at the symposium: Alternatives to Paper and Pencil Personnel Testing, University of Pittsburgh.

Cosmides, L. & Tooby, J. (2000). Section editors, "Evolution (Section X)". The new cognitive neurosciences, Second edition, (M. S. Gazzaniga, Ed.). Cambridge, MA: MIT Press. Chapters 80~87.

Dugoni, B.L., & Ilgen, D.R. (1981). Realistic job previews and the adjustment of new employees. Academy of Management Journal, 24, 579~591.

Festinger, L., Schachter, S., & Back, K.(1950). Social pressures in informal groups: A study of human factors in housing, New York: Harper & Row.

Harrison A.A., & Saeed, L.(1977). Let's make a deal: An analysis of revelations and stipulations in lonely hearts advertisement. Journal of Personality and Social Psychology, 35, 257~264.

Hoppock, R.(1976). *Occupational Information(4th eds.)*, N.Y.: McGraw-Hill.

Introducing Evolutionary Psychology, Dylan Evans (Author), Oscar Zarate Icon Books Ltd (1 Oct 1999)

Johnson, D.W.(1981). Reaching out(2nd ed.). Englewood Cliffs, N.J.: Prentice-Hall.

Korman, A.K.(1971). Industrial and organizational psychology, Englewood Cliffs, NJ: Prentice-Hall.

Landy, D., & Sigall, H.(1974). Beauty is talent: Task evaluation as a function of the performer's physical attractiveness. Journal of Personality and Social Psychology, 29, 299~304.

Larson, L. M., Toulouse, A. L., Ngumba, W., Fitzpatrick, L. A., & Heppner, P. P. (1994). The development and validation of coping with career indecision. *Journal of Career Assessment*, 2, 91~110.

LeBoeuf, M.(1985). You can manage your boss, Success, May.

Lepper, M.R., Green, D., & Nisbett, R.E.(1973). Undermining children's intrinsic interest with extrinsic rewards: A test of the 'overjustification' hypotheses, *Journal of personality and social psychology, 28*, 129~137.

McClelland, S.C.(1973). Testing for the competence rather than intelligence. *American Psychologist, 28*, 1~14.

McCormick, E.J., & Ilgen, D.R. (1980). Industrial Psychology (7th ed.). Prentice-Hall Inc., Englewood, Cliffs. N.J.

McGuire, F. (1994). Army alpha and beta tests of intelligence. In R. J. Sternberg (Ed.), *Encyclopedia of intelligence*. New York: Macmillan.

Meister, D.(1989). Conceptual aspects of human factors, Baltimore: johns Hopkins University Press.

Morgan, C.t., King, R.A., & Robinson. N.M.(1975). Introduction to psychology(6th ed.), McGraw-Hill.

Muchinsky.P.M.(1993). Psychology applied to work(4th ed.) Brooks Cole Publishing Company, Pacific Grove, CA, U.S.A.

참고문헌

Premack, S.L. and J.P. Wanous(1985). A Meta-Analysis of Realistic Job Preview Experiments, *Journal of Applied Psychology*. 70 (4): 706~719.

Robert Kreitner(1986). *Management*, Houghton Mifflin Company.

Saal, F.E., & Knight, P.A.(1988), Chapter 1, Indroduction to Industrial and organizational psychology, Industrial and organizational psychology: Science and practice, CA: Brooks and Cole.

Schmitt, N(1976). Social and situational determinants of interview decisions: Implication for the employment interview. Personnel Psychology, 29(1), 79~101.

Shweder, Richard (1991). Thinking Through Cultures. Harvard University Press.

Walster, E., Aronson, E., Abrahams, D., & Rottman. L.(1966). Importance of physical attractiveness in dating behavior. Journal of Personality and Social Psychology, 4, 508~516.

Wexley, K.N., Sanders, R.E., & Yukl, G.A.(1973). Training interviewers to eliminate contrast effects in employment interviews, Journal of Applied Psychology, 57(3), 233~236.

William F. Price & Richley H. Crapo(1999). *Cross-Cultural Perspectives in Introductory Psychology(3rd Edition)*, Goodwill Books, Hillsboro: OR, U.S.A.

Zajonc, R.B.(1968). Attitudinal effects of mere exposure. Journal of Personality and Social Psychology, (Monograph Suppl. Pt. 2), 1~29.

찾아보기

저자 소개

김정남(金正男)

kimcn@gnu.ac.kr

성균관대학교대학원 심리학과 산업 및 조직심리학 박사
경상대학교 사회과학대학 심리학과 교수, 행정대학원 산업심리학과 주임교수
한국심리학회 이사
Univ. of California, Riverside 교환교수
경상대학교 학생생활연구소 소장, 도서관장 역임
한국 산업 및 조직심리학회 학회장 역임

산업 및 조직심리학(공저, 1995, 박영사)
직장과 심리학(2000, 경상대학교출판부)
인간의 마음과 행동(공저, 2001, 박영사)
스포츠 사회심리학(공저, 2007, 학지사)

예비 직장인을 위한 심리학

역은이 김정남
펴낸이 조재성
펴낸곳 서현사

2014년 8월 25일 1판 1쇄 인쇄
2014년 8월 30일 1판 1쇄 발행
2015년 8월 10일 1판 2쇄 발행

등록 2002년 8월 14일 제 03-01392호
주소 경기도 고양시 일산동구 중앙로 1055번지 레이크하임 206호
전화 031-919-6643
팩스 031-912-6643

ISBN 978-89-94044-64-4 93180
값 15,000원